AI를 움직이는 물질

AI문고

인공지능 시대입니다. 기계가 인간의 인지를 대신하고, 사물이 인간을 통하지 않고 다른 사물과 직접 커뮤니케이션합니다. 이에 따른 인간 삶과 문명 변화를 정확히 이해·예측·대응하는 것은 이 시대 우리 모두의 과제입니다. AI문고는 인공지능 기술과 환경의 여러 주제를 10가지 키워드로 정리합니다. 관련 개념과 이론, 학계와 산업계의 쟁점, 우리 일상의 변화를 다룹니다. 인간과 기술의 현재, 미래를 세심히 분석합니다.

일러두기

- 인명, 작품명, 저서명, 개념어 등은 한글과 함께 괄호 안에 해당 국가의 원어를 병기했습니다.
- 외래어 표기는 현행 어문규정의 외래어표기법을 따랐습니다.

처음이세요?

전문가세요?

AI를 움직이는 물질

손현주

대한민국, 서울, 커뮤니케이션북스, 2026

AI를 움직이는 물질

지은이 손현주
펴낸이 박영률

초판 1쇄 펴낸날 2026년 1월 27일

커뮤니케이션북스(주)
출판 등록 2007년 8월 17일 제313-2007-000166호
02880 서울시 성북구 성북로 5-11
전화(02) 7474 001, 팩스(02) 736 5047
commbooks@commbooks.com
www.commbooks.com

ISBN 979-11-430-1771-0 03500

책값은 뒤표지에 표시되어 있습니다.

차례

AI 시대, 물질이 바꾸는 세상

AI는 코드가 아니라 물질이다

당신이 챗GPT에게 '오늘 날씨 어때?'라고 묻는 그 1초 남짓한 순간. 스마트폰 화면 위로 떠오른 답변은 깃털처럼 가벼워 보인다. 하지만 그 짧은 대답을 위해 지구 반대편 데이터센터는 수 리터의 물을 증발시켰고, 칠레의 광산은 파헤쳐졌으며, 보이지 않는 전력망은 뜨겁게 달아올랐다. 이 책은 그 '무거운 1초'를 통해, 코드 뒤에 숨은 AI의 물질적 기반을 드러내고자 한다.

인공지능(Artificial Intelligence, AI)을 말할 때 우리는 흔히 신경망 구조, 클라우드, 알고리즘, 데이터 흐름, 추상적 코드 같은 비물질적 이미지를 먼저 떠올린다. 손으로 만질 수 없지만 어디에나 스며들어 있는 기술, 마치 공기처럼 존재하는 지능이라는 인상이 그것이다. 철학자 루치아노 플로리디(Luciano Floridi)는 이러한 인식의 배경을 '정보 공간(infosphere)'이라는 개념으로 설명한다. 정보 공간은 단순히 인터넷이나 온라인 플랫폼을 뜻하는 것이 아니라 온라인과 오프라인, 디지털과 물질,

인간과 비인간 행위자가 서로 얽혀 하나의 정보적 환경을 이루는 총체적 공간을 가리킨다. 플로리디에 따르면 현대인은 물리적 세계에 정보 공간이 덧입혀진 환경 속에서 살아가며, 현실을 경험하는 방식 자체가 정보 흐름에 의해 구조화된다. 그는《제4차 혁명: 정보 공간이 인간 현실을 재구성하는 방식(The fourth revolution: How the infosphere is reshaping human reality)》(2014)에서 디지털 정보가 물리적 세계와 점점 밀착되며 온라인과 오프라인의 경계가 무너지는 '온라이프(onlife)' 시대가 도래했다고 말한다. 그러나 익숙한 온라이프 경험은 AI 혁명을 깨끗하고 효율적이며 자원이 거의 들지 않는 탈물질화된 변화로 오해하게 만든다.

우리가 일상적으로 마주하는 AI는 결코 공기처럼 떠다니는 추상적 지능이 아니라, 방대한 물질적 기반 위에서만 작동한다. 이미지, 텍스트, 음성 등 AI가 생성하는 모든 산출물은 결국 반도체 칩의 연산, 서버의 저장, 냉각 장치의 온도 조절, 전력망의 공급 같은 구체적 물리 과정을 통해 만들어진 결과다. 즉 AI는 종종 클라우드나 가상공간에 둥둥 떠 있는 비물질적 존재로 상상되지만, 실제로는 공간을 차지하고 자원을 소비하며 에너지를 요구하는 하나의 기계적 시스템이다.

더 나아가 AI 산업은 단순한 소프트웨어 경쟁의 장이 아니다. AI가 작동하기 위해서는 막대한 전력 소비와 광물 자원이 필수적이며, 이에 따라 새로운 형태의 자원 경쟁이 벌어지고 있다. 희토류, 구리, 리튬과 같은 광물의 수요는 AI 데이터센터 확장과 함께 급격히 증가하고 있으며, 이러한 현상은 새로운 지정학적 · 경제학적 긴장을 유발한다.

문제는 이러한 물질성과 자원성을 대중이 거의 인식하지 못한다는 데 있다. 많은 사람은 AI를 에너지나 자원을 거의 소모하지 않는, 효율적이고 깨끗한 기술로 이해한다. 그러나 기술 · 사회 연구자인 케이트 크로퍼드(Kate Crawford)는 이러한 인식이 클라우드와 알고리즘 같은 추상적 언어에 의해 형성된 환상에 불과하다고 지적한다. 그녀는 저서 《AI의 지도(Atlas of AI)》(2021)에서 AI는 결코 공중에 떠 있는 무형의 코드가 아니라 "광산, 공급망, 노동력, 데이터 추출, 그리고 행정 권력"이라는 물질적 인프라 위에 구축된 기술임을 밝힌다.

예컨대 AI 훈련에 필요한 데이터는 자율적으로 발생하는 것이 아니라 수백만 장의 이미지에 하나하나 이름표를 붙이고 내용을 분류하는 작업이 필요하며, 이는 주로 글로벌 남반구의 저임금 노동자들이 윤리적 검토 없이 수행하는 단순 반복 노동에 의해 이루어진다. 또한 크로퍼드는 AI의 훈련과 추론이 이루어지는 데이터센터들이 엄청난 전력과 냉각 자원을 소모하며, 이는 기후 위기와 직결된다고 강조한다. 실제로 하나의 대형 언어 모델을 학습시키는 데 들어가는 에너지 비용은 수백 톤의 이산화탄소를 배출하며, 이는 자동차 수십 대가 수년간 배출하는 양과 맞먹는다. 이처럼 AI는 클라우드 속의 똑똑한 엔진이 아니라 채굴과 착취, 오염이라는 지구적 비용 위에 세워진 기술적 체계이며, 이를 탈물질화된 기술로 소비하는 것은 정치적 무의식의 일환이다.

현실의 토대, AI를 움직이는 물질들

물질세계는 우리의 일상을 조용히 받치며, 거의 티를 내지 않으면서도 삶의 근간을 이룬다. 스마트폰을 켜는 가벼운 손짓에서부터 전기차가 미세하게 진동하며 앞으로 나아가는 순간까지, 모든 기술적 편의는 결국 이 물질적 기반 위에서만 가능해진다.

한국의 일상에서도 이 물질적 현실은 깊숙이 배어 있다. 우리는 흔히 대한민국을 인터넷 속도가 빠르고 최신 기기를 가장 먼저 사용하는 IT 강국이라고 부른다. 하지만 더 정확히 말하자면, 한국은 이 거대한 디지털 세계를 물리적으로 지탱하는 명실상부한 '제조와 물질의 강국'이다. 고층 아파트가 도시의 스카이라인을 채우는 풍경 뒤에는 철근과 시멘트, 유리와 단열재를 대량 생산해 온 건설 · 소재 산업이 있고, 도심을 촘촘히 잇는 지하철과 도로망, 전력 · 통신 인프라는 구리와 강철, 콘크리트, 석유화학 제품이 만들어 낸 거대한 물질적 네트워크다. 우리가 타는 자동차와 전기차, 손에 쥔 스마트폰 속 반도체 칩과 배터리, 집안을 밝히는 LED 조명과 각종 가전제품까지, 일상의 편리함 대부분이 한국이 축적해 온 제조 역량과 물질 기술 위에서 작동하고 있다. 사람들은 편리함에 익숙해져 그 배후의 조건을 잊고 있지만, 이 조건이 무너지면 삶의 질서 전체가 흔들린다.

우리는 일상에서 삼성전자, 현대자동차, 네이버, 카카오처럼 눈에 보이는 브랜드를 먼저 떠올리지만, 실제로 스마트폰 · 데이터센터 · 전기차 · 재생에너지 시스템을 움직이는 기반은 다른 층위에서 만들어진다. 포스코(POSCO), LG에너지솔루션, 롯데케미칼, 고려아연, 삼성전기, 한화솔루션 같은 기업들을 떠올려 보라. 이들은 단순한 원자재 공급사가 아니다. 포스코의 철강은 데이터센터의 뼈대가 되고, LG와 삼성의 배터리는 로봇의 심장을 뛰게 하며, 고려아연과 롯데케미칼의 소재들은 첨단 기기의 혈액이 된다. 우리가 IT 강국이라는 자부심을 느낄 때, 그 자부심의 밑바닥에는 보이지 않는 곳에서 AI라는 거인의 근육과 신경망을 만들어 낸 이들의 땀방울이 서려 있다.

화면 너머에서 작동하는 디지털 기술의 화려함과 달리, 이 기업들이 생산하는 철강, 배터리 소재, 석유화학 원료, 전자부품, 금속 정제 기술 등은 눈에 잘 띄지 않는다. 그러나 이 물질적 기반이 없다면 어떤 기술적 혁신도 세상에 모습을 드러낼 수 없다. 우리가 첨단 기술이라고 부르는 거의 모든 것의 밑바닥에는 이렇게 이름보다 물질이 먼저인 세계가 놓여 있다.

왜 이런 일이 벌어질까? 아이디어와 코드의 세계는 매끄럽고 세련되어 보이지만 그것을 현실에서 구현하는 물질세계의 노동은 어렵고, 위험하며, 고도의 공정을 요구하는 3D(어렵고 · 힘들고 · 더러운) 업종이기 때문이다. 광물을 캐고, 정제하고, 재료로 가공하고, 다시 부품과 칩으로 만들어 내는 이 과정은 막대한 에너지, 인력, 설비, 그리고 오랜 시간의 비결이 필요하다. 기술의 전면에 서 있는 것은 알고리즘이지만, 그 뒤에서 몸을 쓰는 것은 언제나 사람과 물질이다. 결국 우리가 매일 사용하는 깨끗한 기술이라는 환상 뒤에는 이 물질세계를 움직이는 한국의 보이지 않는 기업들이 존재한다. 이들의 작업이 뒷받침되어야만 스마트폰, AI, 전기차, 데이터센터, 재생에너지 시스템이 현실에서 작동할 수 있다.

바로 이 지점에서 중요한 인식의 전환이 필요하다. 우리는 기술이 점점 비물질적이 되어 가고 있다고 착각하지만, 현실은 그 반대 방향으로 움직이고 있다. 기술의 외형은 가벼워질수록, 그 내부를 지탱하는 물질적 토대는 오히려 더 크고 복잡해지고 있다. 예를 들어 일상 속 필수품인 실리콘 칩을 보자. 이 칩은 단순한 모래알에서 바로 만들어지는 것이 아니라, 채석장에서 채취된 실리콘 덩어리가 고온과 냉각 과정을 여러 차례 거치며 극도로 순도 높은 결정 구조로 정제된 뒤, 레이저와 정밀 공정을 통해 미세한 회로가 새겨지면서 완성된다. 우리가 사용하는 AI 서비스는 바로 이러한 긴 제작 과정 끝에 만들어진 물질적 부품 위에서 작동한다.

최근 스마트폰에는 얼굴 인식, 음성 명령, 자동 번역 같은 기능을 처리하기 위한 전용 AI 칩이 탑재되고 있다. 이 칩은 단순한 정보 처리 장치가 아니라, 복잡한 연산과 즉각적인 반응을 위해 설계된 물리적 하드웨어다. AI 칩의 보급이 증가할수록 이를 뒷받침하기 위한 데이터 전송 인프라 역시 빠르게 확대되고 있다. 이는 단순히 스마트폰 성능이 좋아지는 차원을 넘어, AI 기술 전반을 지탱하는 물리적 토대가 점점 더 방대해지고 있음을 보여 준다.

데이터센터는 AI 기술이 실제로 구현되는 핵심 기반 시설이다. 특히 대형 언어 모델(large language model, LLM)의 학습과 추론을 위해서는 수천 개의 그래픽 처리 장치(graphics processing unit, GPU)가 장착된 서버가 필요하며, 이 장비들은 전통적인 IT 장비보다 수 배 많은 전력을 소비한다. 고성능 연산을 위해 설계된 엔비디아(NVIDIA)의 GPU는 단일 LLM 모델을 훈련하는 데 수백 기가와트시(gigawatt-hours)에 달하는 전력을 요구한다. 이는 AI 기술이 에너지 집약적인 성격을 지닌다는 점을 분명히 보여 준다.

AI 기술은 전기차 산업과도 밀접하게 연결된다. 자율주행 기능을 위한 AI 알고리즘은 리튬이온 배터리와 결합해 차량 내부에서 실시간으로 작동한다. AI 서버, 냉각 장치, 배터리 모두는 희토류와 같은 주요 광물에 대한 의존도가 높다. 예컨대 전기차 모터에 사용되는 영구 자석에는 네오디뮴(neodymium)과 같은 희토류가 포함되는데, 네오디뮴은 강한 자기력을 지닌 금속 원소로, 소형이면서도 고출력 모터 구동에 필수적이다. 이러한 자석은 AI 시스템 구동에 필요한 고정밀 센서, 전기모터, 컴퓨팅 장비 등에 광범위하게 활용된다.

이처럼 AI는 스마트폰, 차량, 서버, 전력 시스템 등 다양한 물질로 구성된 생태계를 통해 움직이며, 그 기반은 철저히 물리적이다. 이러한 물질적 토대는 AI가 초래하는 생태학적 부담을 키운다. AI는 물뿐 아니라 냉각에도 엄청난 자원이 필요하다. AI 서버는 작동 중에 발생하는 열을 식히기 위해 대량의 담수를 증발시키며, 2023년 약 1750억 리터였던 데이터센터의 물 소비는 2030년에는 6640억 리터에 이를 것으로 보인다. 이는 특히 물 부족 지역에서 AI 기술이 지역 사회와 수자원을 두고 충돌할 수 있음을 경고한다.

실제로 미국 오리건주의 소도시 더 댈러스(The Dalles)는 이러한 충돌의 최전선이었다. 구글 데이터센터 유치가 지역 경제에 활력을 불어넣을 것이라는 디지털 허브의 약속과 달리, 현실은 가뭄과 물 부족의 공포였다. 법정 공방 끝에 드러난 구글의 연간 물 소비량은 12억 리터에 달했고, 이는 인구 1만 6000명의 도시가 감당하기엔 벅찬 수준이었다. 주민들은 "우리가 모르는 사이 우물이 말라가고 있다"고 호소했다. 더 댈러스의 사례는 클라우드라는 가벼운 이름 뒤에 숨겨진 AI의 무거운 물 발자국을 증언한다.

문제는 친환경 디지털에 대한 환상이 여전히 강력하다는 데 있다. AI는 재생에너지로 대체 가능하다는 신화와 달리, 에너지 수요의 폭증 속도에 비해 인프라 확장 속도가 따라가지 못한다. 이에 따라 구글(Google), 마이크로소프트(MS), 아마존(Amazon) 등은 AI 전력 수요를 충당하기 위해 소형 원자로(SMR) 같은 새로운 형태의 원자력 에너지원에 투자하기 시작했다. 이는 기술의 진보가 탈탄소가 아닌 재탄소화 또는 고위험 에너지로의 회귀를 동반할 수 있음을 시사한다.

AI 하드웨어의 또 다른 핵심 구성 요소는 희귀 금속 자원의 사용이다. AI 칩, 전기차 배터리, 풍력 터빈, 태양광 패널 등은 공통으로 리튬(Li), 코발트(Co), 구리(Cu), 흑연(Graphite), 인듐(In), 네오디뮴(Ne) 등의 핵심 광물 자원이 필요하다. 이러한 자원에 대한 의존도는 기후 위기 대응 기술과 AI 산업이 동시에 성장함에 따라 급격히 증가하고 있으며, 2022년 4715킬로톤(kt)이던 수요는 2030년까지 약 6.4배로 증가한 3만 146킬로톤에 이를 것으로 전망된다.

미디어 학자 매튜 커센바움(Matthew Kirschenbaum)은《메커니즘: 뉴미디어와 법의학적 상상력(Mechanisms: New media and the forensic imagination)》(2008)에서

디지털 데이터를 '형식적 물질성(formal materiality)'과 '포렌식(법의학적) 물질성(forensic materiality)'으로 구분했다. 형식적 물질성은 우리가 스크린을 통해 보는 0과 1의 배열, 인터페이스와 포맷 규칙에 의해 구성되는 형식 · 구조 차원의 물질성을 가리키고, 포렌식 물질성은 하드디스크 플래터에 남겨진 자기 흔적처럼 감식 · 수사를 통해 드러나는 물리적 층위의 물질성을 뜻한다. 대중은 AI가 제공하는 챗봇의 답변이나 화려한 이미지 같은 형식적 물질성만을 소비한다.

이 책은 바로 그 포렌식 물질성, 즉 데이터센터를 움직이는 실리콘과 반도체, AI 연산 속도를 비약적으로 끌어올리는 화합물 반도체, 전기차 · 로봇 · 드론의 심장을 구성하는 리튬과 코발트, 도시 인프라를 지탱하는 구리, 스마트 기기의 성능을 좌우하는 희토류, AI 신경망을 세계 곳곳으로 잇는 광섬유, 실리콘의 후계자로 주목받는 탄소 나노 소재, 인간과 기계를 새로운 방식으로 연결하는 생체 적합성 소재, 그리고 청정에너지 전환의 핵심인 수소 기술의 물질적 기반을 추적할 것이다.

우리가 탐험할 이 물질의 세계로 들어가기에 앞서, 한 가지 질문을 마음속에 품어주길 바란다. "만약 이 물질이 사라진다면, AI 시대의 미래는 어떻게 달라질까?" 이 질문은 단순한 사고 실험이 아니라, 우리가 당연하게 여겨온 기술적 풍요가 얼마나 위태로운 기반 위에 서 있는지를 끊임없이 환기해 줄 것이다. 이 질문을 나침반 삼아 이제 그 숨겨진 주인공들을 찾아 떠나자.

숨겨진 주인공을 찾아서

AI를 가능하게 하는 핵심은 눈에 잘 띄지 않는 원료와 자원들이다. AI의 기반에는 수많은 광물과 희소 자원이 뒤섞여 있으며, 이들은 우리가 일상에서 인식하지 못한 채 기술의 심장부를 이루고 있다. 예컨대 반도체 칩의 토대가 되는 실리콘은 "고순도 석영(high-purity quartz)"을 정제해 얻은 것이며, 전기차와 에너지 저장 장치의 배터리에 필수적인 리튬은 AI 서버와 이동형 AI 기기의 전력을 공급하는 핵심 물질이다. 구리는 데이터 전송 회로와 전선을 구성하는 기본 재료로, AI 연산 과정에서 발생하는 막대한 전력을 빠르게 전달하는 역할을 한다. 여기에 더해 코발트와 니켈은 고성능 배터리의 안정성과 에너지 밀도를 높이는 핵심 구성 요소이며, 희토류 원소인 네오디뮴은 AI 데이터센터의 냉각 장치와 전기 모터에 사용되는 고성능 자석의 주원료다. 또한 갈륨과 게르마늄은 초고속 통신과 레이저 장비, 데이터센터용 광통신 모들에 필수적이다. 이들 원료는 눈에 잘 보이지 않지만, AI가 작동하는 모든 순간의 깊은 곳에서 기술을 떠받치고 있는 숨겨진 주인공들이다.

이러한 원료들은 단지 산업의 기초를 넘어서, AI 산업의 성장에 따라 급속도로 수요가 폭증하고 있다. 특히 구리의 경우, AI 인프라 확대와 전기화로 인해 2030년까지 약 100만 톤, 2050년까지 340만 톤 이상 추가 수요가 발생할 것으로 전망된다. 미국 에너지부는 이와 같은 맥락에서 구리를 핵심 광물로 지정하였고, 이는 향후 AI 확산이 광산 개발과 공급망 갈등을 더 심화시킬 수 있음을 예고한다.

희토류 원소(rare earth elements) 역시 빼놓을 수 없다. 네오디뮴, 디스프로슘(dysprosium) 등은 고성능 영구 자석의 핵심 성분으로, 전기차 모터, 풍력 터빈, AI 서버의 핵심 부품에 사용된다. 문제는 이들의 공급이 극도로 편중되어 있다는 점이다. 2024년 기준으로 중국은 희토류 자석용 원소의 채굴 60%, 정제 91%, 영구 자석 완제품 생산 94%를 차지하고 있다. 이러한 독점 구조는 AI는 물론 에너지, 방위, 교통 등 전략 산업 전반의 안정성을 위협하는 중대한 지정학적 변수다. 이와 같은 공급망 위기는 단시 기술이나 산업의 문제가 아니다. 20세기가 석유 중심의 중동 지정학에 따라 형성되었다면, 21세기의 지정학은 이제 AI 기술과 녹색 전환에 필요한 광물 공급망을 중심으로 재편되고 있다.

더 심각한 문제는 이 물질의 흐름 뒤에 보이지 않는 사람들의 고통이 있다는 사실이다. 국제재생에너지기구(IRENA)에 따르면, 핵심 광물 자원의 절반 이상이 전통적인 원주민 공동체의 거주지 또는 그 인근에 매장되어 있다. 이 지역들에서 이루어지는 광산 개발은 토지 상실, 강제 이주, 수질 오염, 생태계 파괴와 같은 환경 · 사회적 피해를 유발하며, 원주민의 전통적인 삶의 방식에 심각한 영향을 끼친다. 특히 코발트 채굴은 아동 노동, 열악한 작업 환경, 무장 단체의 자금 조달 등 심각한 인권 문제와도 맞물려 있다. 결국 실리콘밸리에서 작동하는 세련된 AI 기술의 눈에 보이는 모습은, 콩고민주공화국(DRC, 콩고)의 고통스러운 채굴 현실과 물리적으로 연결된 셈이다.

물질이 그리는 AI의 미래

AI 기술은 인간 사회의 효율성을 비약적으로 끌어올릴 도구로 주목받고 있다. 그러나 이 기술이 작동하는 데 필요한 물질적 기반은 실로 막대한 자원을 요구하며, 환경과 사회 시스템에 복합적인 영향을 미친다. 이미 언급했듯이, AI의 에너지 소비는 기하급수적으로 증가하고 있다. 전기뿐 아니라 물 사용량도 심각한 수준이다. AI 인프라의 확장은 전자 폐기물 문제도 수반한다. 빠른 성능 개선 속도로 인해 서버 장비는 금세 구형이 되고, 이에 따라 매년 약 5000톤 이상의 AI 관련 전자 폐기물이 추가 발생할 것으로 전망된다. 이러한 폐기물은 유해 화학물질을 포함하고 있어 환경뿐 아니라 인체 건강에도 위협이 된다.

이와 같은 문제를 단순히 기술 혁신으로 해결할 수 있을까. 일부는 AI가 오히려 기후 문제 해결에 이바지할 것이라 기대한다. 예컨대 AI는 전력망 최적화, 신약 개발, 신소재 탐색, 기후 모델링 등에서 효율성을 높일 수 있다. 철학자 플로리디는 이러한 기대를 '디지털 갬빗(digital gambit)'이라 부른다. 원래 갬빗은 체스에서 초반에 말을 일부러 희생하고, 나중의 유리한 국면과 승리를 노리는 전략을 뜻한다. 플로리디에 따르면 우리는 지금 데이터, 프라이버시, 에너지와 자원, 심지어 민주적 통제력의 일부를 의식적으로 혹은 무의식적으로 기술에 맡기고, 훗날 디지털 기술이 더 큰 효율성과 공익, 문제 해결 능력으로 보상해 줄 것이라 기대한다. 현재 우리는

AI의 환경 비용과 자원 소모, 사회적 위험을 일종의 초기 손실로 받아들이면서, 언젠가 기술이 기후 위기와 에너지 문제를 해결해 줄 것이라고 믿는 디지털 갬빗, 즉 거대한 도박을 감행하고 있는 셈이다.

하지만 이러한 전략 앞에는 '제번스의 역설(Jevons paradox)'이라는 치명적인 함정이 도사리고 있다. 자원 효율성이 높아지면 소비가 줄어들 것이라는 직관과 달리, 현실에서는 오히려 총소비가 폭발적으로 증가하는 현상이다. AI 기술 역시 이 역설의 지배를 받는다. 알고리즘 최적화로 연산 효율이 높아져 사용 단가가 떨어지는 순간, AI는 특정 영역을 넘어 전 산업의 필수재로 확장될 것이며, 그 결과 지구가 감당해야 할 총자원 소비량은 걷잡을 수 없이 늘어나게 된다.

AI를 전력망에 연결하기 위한 새로운 실험들도 이어지고 있다. 예컨대 테슬라(Tesla) 공동창업자가 설립한 레드우드 머티리얼즈(Redwood Materials)는 전기차 배터리를 재활용하여 데이터센터의 전력 공급을 시도하고 있다. 이러한 기술적 대응은 환영할 만하지만, 이 역시 전체적 소비량의 증가를 상쇄하기에는 한계가 있다.

결론적으로 AI는 구름 위에서 떠다니는 추상적 기술이 아니라 전기, 물, 금속 자원, 그리고 복잡한 공급망으로 구성된 물질적 산업이며, 지정학적 갈등과 인권 문제까지 끌어들이는 현실적 존재다. AI 기술의 지속 가능한 미래를 꿈꾼다면, 우리는 이 기술을 뒷받침하는 물질의 흐름, 그 비용과 윤리적 책임까지도 함께 설계해야 한다.

결국 AI의 미래는 기술의 창의성만이 아니라 물질세계의 한계와 선택에 달려 있다. 물질이 그리는 AI의 미래란 곧 자원과 에너지, 환경과 노동, 공급망과 정치가 얽혀 만들어 낸 복합적 풍경이다. 그리고 이 책은 각 장의 끄트머리에 다시 한번 묻게 될 것이다. "만약 이 물질이 사라진다면?" 이 질문은 우리가 기술을 바라보는 방식 자체를 되묻는 철학적 초대이자, 물질이 그려내는 가능성과 한계 속에서 AI 문명의 진정한 방향을 다시 생각하게 만드는 상상적 출발점이 될 것이다.

참고문헌

Barratt, L. et al.(2025.4.9). Revealed: Big tech's new datacentres will take water from the world's driest areas. The Guardian. https://www.theguardian.com/environment/2025/apr/09/big-tech-datacentres-water

Chance, H. & Montoya Hammersley, M.(2024.12). AI is mining more than data. Vermont Journal of Environmental Law. https://vjel.vermontlaw.edu/top-ten/2025-top-ten/2024/12/ai-is-mining-more-than-data/

Conway, E.(2023). *Material world: A substantial story of our past and future*. Ebury Publishing. 이종인 옮김(2024). 《물질의 세계: 6가지 물질이 그려내는 인류 문명의 대서사시》. 인플루엔셜.

Crawford, K.(2021). *Atlas of AI: Power, politics, and the planetary costs of artificial intelligence*. Yale University Press.

Floridi, L.(2014). *The fourth revolution: How the infosphere is reshaping human reality*. Oxford University Press.

IRENA(2023). Geopolitics of the energy transition: Critical materials. International Renewable Energy Agency.

Kim, T.-Y. et al.(2025.10.23). With new export controls on critical minerals, supply concentration risks become reality. International Energy Agency. https://www.iea.org/commentaries/with-new-export-controls-on-critical-minerals-supply-concentration-risks-become-reality

Kirschenbaum, M. G.(2008). *Mechanisms: New media and the forensic imagination*. MIT Press.

Miller, C.(2022). *Chip war: The fight for the world's most critical technology*. Scribner. 노정태 옮김(2023). 《칩워: 누가 반도체 전쟁의 최후 승자가 될 것인가》. 부키.

Öko-Institut(2025). Environmental impacts of artificial intelligence (Report for Greenpeace Germany).

Rare Earth Exchanges(2025.8.7). AI data center boom fuels rare earth demand—and environmental costs. https://rareearthexchanges.com/news/ai-data-center-boom-fuels-rare-earth-demand-and-environmental-costs/

Rasheed, M. Q. et al.(2026). The interactions of rare earth minerals with renewable energy production alongside artificial intelligence and geopolitical risk. *Renewable Energy, 256*, 124301.

Robinson, D.(2022.12.19). Google datacenters use 'a quarter of all water' in one US city. The Register. https://www.theregister.com/2022/12/19/google_datacenters_dalles/

Selsky, A.(2022.12.16). Oregon city drops fight to keep Google water use private. AP News. https://apnews.com/article/technology-business-oregon-the-dalles-climate-and-environment-f63f313b0ebde0d60aeb3dd58f51991c

The Tech Buzz(2025.10.23). Redwood Materials raises $350M Series E with Nvidia backing: Tesla co-founder's battery recycling company secures $350M to power AI data centers. https://www.techbuzz.ai/articles/redwood-materials-raises-350m-series-e-with-nvidia-backing

Yu, D. et al.(2025). Critical mineral bottlenecks constrain sub-technology choices in low-carbon energy deployment. *iScience, 28*, 113267.

01
디지털 세상의 뿌리, 반도체와 실리콘

디지털 문명의 뿌리는 흔한 모래다. 모래가 AI 반도체로 변모하는 과정은 기술적 경이로움이지만, 막대한 자원 소모와 오염이라는 '클린룸의 역설'을 안고 있다. 또한 반도체 생산이 몇몇 국가에 집중된 현실을 통해 디지털 문명이 얼마나 취약한지 보여 준다.

기후 위기와 인공지능?

모래에서 피어난 디지털의 꽃, 실리콘

우리는 손안의 스마트폰으로 세계와 연결되고, 알고리즘은 우리의 취향을 예측하며, AI는 조용히 일상을 안내한다. 이 모든 기술의 근간에는 복잡한 공식이나 거대한 서버보다 더 근본적인 존재가 있다. 바로 모래다. 해변의 모래를 이루는 이산화규소(SiO_2)는 단순한 자연물처럼 보이지만, 정제와 고온 열처리 과정을 거치면 불순물이 1억 분의 1 수준까지 제거된 초고순도 실리콘으로 변모한다. 이 실리콘은 웨이퍼 형태로 가공된 뒤 트랜지스터와 집적회로의 기반이 되며, 스마트폰 · 컴퓨터 · 전기차 · AI 서버에 이르기까지 모든 디지털 기기의 '연산을 가능하게 하는 물질적 뼈대' 역할을 한다. 다시 말해 모래는 21세기 정보사회가 작동하기 위한 가장 원초적이며 필수적인 자원이다.

실리콘은 지구상에서 산소 다음으로 풍부한 원소로, 석영, 암석, 모래 등 자연 환경 어디에서나 발견된다. 너무 흔한 탓에 한때 주목받지 못했지만, 20세기 중반 과학자들은 이 물질이 가진 전기적 특성, 특히 반도체로서의 가능성에 주목하기 시작했다. 순수 실리콘만으로는 전류를 잘 흐르게 만들기 어렵지만, 특정 불순물을 미세하게 주입하는 도핑(doping)을 통해 전도성이 부여된다.

이에 따라 전기의 흐름을 정밀하게 제어할 수 있으며, 전류가 흐르면 '1', 흐르지 않으면 '0'으로 작동하는 이진 논리를 통해 디지털 정보 표현의 기초가 완성된다.

초기 트랜지스터는 게르마늄(germanium)이라는 반도체 물질을 사용해 제작되었다. 트랜지스터는 전류를 증폭하거나 스위치처럼 전류의 흐름을 켰다 끄는 역할을 하는 소자로, 오늘날 모든 디지털 회로의 기본 단위라 할 수 있다. 게르마늄은 전기 전도성이 뛰어나지만, 고온에서 안정적이지 못하고 산화막 형성이 어려워 대규모 집적 회로 설계에 제약이 있었다. 반면 실리콘은 안정적인 이산화규소 산화막을 형성할 수 있었고, 이는 1950년대 벨 연구소의 모하메드 아탈라(Mohamed Atalla) 등이 개발한 표면 패시베이션(surface passivation) 기술을 통해 상용화되었다. 표면 패시베이션 기술은 실리콘 표면에 얇고 균일한 산화막을 형성하여 표면 결함을 줄이는 공정으로, 전기적 특성을 안정화하고 소자의 성능 저하를 방지하는 핵심 과정이다. 이 기술은 실리콘의 신뢰성과 대량 생산성을 획기적으로 향상시키며, 이후 집적 회로(IC) 시대를 여는 결정적 전환점이 되었다.

그러나 실리콘이 단순한 모래에서 반도체 칩으로 전환되기까지는 고도로 정교한 공정과 막대한 에너지가 요구된다. 자연 상태의 모래는 다양한 불순물을 포함하고 있으며, 반도체용 실리콘은 순도 99.9999999%(9N) 이상의 전자 등급 실리콘(EGS) 수준이 필요하다.

이를 위해 가장 널리 사용되는 정제 방식은 지멘스 공정(Siemens process)이다. 이 공정은 야금용 실리콘(MG-Si)을 염화수소(HCl)와 반응시켜 트리클로로실란($SiHCl_3$) 가스를 생성한 후, 이를 1100°C 이상의 고온에서 열분해시켜 고순도 폴리실리콘(polysilicon)을 증착하는 방식이다. 폴리실리콘은 불순물이 거의 없는 다결정 형태의 실리콘으로, 이후 단결정 웨이퍼 제조의 전구체로 사용된다. 이 공정은 고온과 고압이 필요하며, 전체 생산비의 상당 부분을 전력 소비가 차지한다.

정제된 폴리실리콘은 초크랄스키 방법(Czochralski method)이라는 단결정 성장 공정을 거쳐 반도체용 실리콘으로 전환된다. 이 공정에서는 폴리실리콘을 석영 도가니에 담아 1400°C 이상으로 녹이고, 작은 단결정 실리콘 씨앗을 회전시키며 천천히 끌어올린다. 그 결과 동일한 결정 구조를 지닌 원통형 실리콘 결정체인 잉곳(ingot)이 형성된다. 잉곳은 하나의 거대한 단결정 실리콘 덩어리로, 이후 다이아몬드 와이어로 얇게 절단되어 두께 1mm 이하의 웨이퍼(wafer)로 가공된다. 이 웨이퍼는 트랜지스터 회로를 새기고, AI 연산과 디지털 정보를 처리하는 모든 시스템의 기초가 된다.

겉보기엔 단순한 회색 판에 불과한 웨이퍼는 사실상 인간의 언어, 이미지, 감정, 알고리즘을 기록하는 디지털 시대의 지능 캔버스다. 흙에서 인간을 만들었다는 옛 신화처럼 우리는 모래에서 또 하나의 지능을 빚어내고 있다.

경이로운 미세 공정, AI 칩의 탄생

실리콘이 디지털 세계의 기반이라면, 그 위에 AI 칩을 새겨 넣는 과정은 현대 과학기술이 구현한 정밀한 연금술에 가깝다. 지름 300mm의 실리콘 웨이퍼 한 장이 수백억 개의 트랜지스터가 집적된 AI 프로세서가 되기까지, 웨이퍼는 수 주에 걸쳐 수백~수천 단계의 공정을 통과한다. 이 웨이퍼가 머무는 팹(fab)은 단순한 공장이 아니라, 극한의 청결을 유지하기 위해 자본과 기술을 쏟아부은 거대한 '기술 성당'이다.

이 성당의 중심 공간이 바로 클린룸(cleanroom)이다. 공기 중 입자, 온도, 습도, 기류, 압력이 모두 통제되는 이 공간에서, 머리카락 굵기의 수만 분의 일에 불과한 회로 패턴이 그려진다. 머리카락 굵기의 약 100분의 1도안 되는 0.5마이크로미터(μm) 크기의 초미세 입자조차 치명적인 결함을 일으킬 수 있기 때문에, 공기 1세제곱피트에 먼지 입자가 단 한 개 이하만 허용되는 '클래스 1' 수준의 청정도가 요구된다. 겉으로 보기에는 텅 빈 흰 방에 불과하지만, 이곳이야말로 AI 시대의 두뇌가 실제로 태어나는 산실이다.

반도체 제조의 큰 흐름을 단순화하면, 웨이퍼 표면을 준비하고(산화, oxidation), 회로를 그리고(포토리소그래피, photolithography), 필요 없는 부분을 깎아내고(식각, etching), 기능을 입히고(증착, deposition · 이온주입, ion implantation), 소자들을 연결한 뒤(금속 배선, metallization), 다시 표면을 평평하게 다듬고(CMP), 마지막에 검사와 패키징으로 마무리하는 일련의 반복이다. 먼저 웨이퍼 표면에는 이산화규소 막이 형성되어 절연과 보호층 역할을 한다. 건물을 짓기 전 보이지 않는 방수층을 까는 작업에 비유할 수 있다.

그 위에 감광액을 바르고, 회로도가 새겨진 마스크를 통해 자외선을 쏘는 포토리소그래피 공정이 진행된다. 말 그대로 '빛으로 그리는 설계도'이며, 칩 성능과 집적도를 좌우하는 핵심 관문이다. 이 설계도를 실제 구조로 만드는 과정이 식각이다. 감광액으로 보호되지 않은 부분을 화학 용액이나 플라즈마로 깎아내면, 필요한 회로만 남는다.

이후 증착과 이온 주입을 통해 전기가 잘 통하는 층과 통하지 않는 층을 쌓고, 붕소나 비소 같은 불순물을 주입해 실리콘에 서로 다른 전기적 역할을 부여한다. 배우에게 각기 다른 배역을 맡기듯, 같은 실리콘이라도 위치에 따라 다른 기능을 수행하게 되는 것이다. 마지막으로 알루미늄이나 구리 배선을 통해 수억 개의 트랜지스터를 하나의 거대한 회로망으로 엮고, CMP 공정으로 층층이 쌓인 표면을 평탄하게 다듬는다.

이 모든 과정을 통과한 웨이퍼는 전기적 특성 검사를 거쳐 양품만 선별되고, 잘게 절단(dicing)된 뒤 패키지 안에 봉인된다. 손톱만 한 칩 안에 수백억 개의 트랜지스터가 들어 있는 풍경은 말 그대로 원자 단위의 예술에 가깝다. 우리가 스마트폰에서 사진 한 장을 띄우는 0.몇 초 뒤에는, 이렇게 길고 복잡한 여정을 거친 AI 칩이 쉬지 않고 작동하고 있다.

빛나는 칩의 그림자, 에너지와 환경 문제

앞에서 살펴본 팹의 클린룸은 인류가 만든 가장 깨끗한 공간이다. 하지만 이 완벽한 청결함을 유지하기 위해,

팹은 역설적으로 지구상에서 가장 더러운 산업 중 하나로 작동한다. 이는 '클린룸의 역설(the cleanroom paradox)'이라 불릴 만하다. 칩을 오염으로부터 보호하기 위한 과정이, 칩 바깥의 지구 환경을 심각하게 오염시키고 있다.

AI 칩 하나를 탄생시키기 위한 팹은 문자 그대로 자원 포식자다. 24시간 멈추지 않는 클린룸의 공기 순환 시스템과 온도 조절 장치, 그리고 극자외선(EUV) 노광 장비와 같은 수백 대의 첨단 기계들은 도시 하나와 맞먹는 전력을 소비한다. 칩의 회로 선폭이 좁아지고 공정이 복잡해질수록(예: 28nm에서 2nm 노드로의 이동) 웨이퍼 한 장당 소비되는 전력과 물, 그리고 배출되는 온실가스의 양은 기하급수적으로 증가한다.

또한 웨이퍼를 씻어내기 위해서는 자연 상태에서는 찾아볼 수 없는 수준의, 불순물이 거의 완전히 제거된 초순수(ultrapure water)가 필요하다. 반도체 팹은 하루에 수백만에서 수천만 리터에 이르는 물을 소비하며, 1990년대 후반의 데이터에서도 이미 반도체 제조 공장은 하루 약 757만~1514만 리터의 물을 사용하는 것으로 나타났다. 기후 위기로 인한 물 부족이 심화되는 가운데, 이처럼 막대한 수자원 소비는 지역 사회와의 갈등을 유발하는 잠재적 불씨가 되고 있다.

팹은 정밀한 전자 공장이기 이전에, 수백 종류의 위험 물질을 다루는 거대한 화학 공장이다. 실리콘 웨이퍼를 깎고 닦아내기 위해 비소(arsenic), 벤젠(benzene), 크롬(chromium), 그리고 뼈까지 녹일 수 있는 맹독성 물질인 불산(hydrofluoric acid) 등이 사용된다. 1980년대 초, 미국 실리콘 밸리 지역에서는 반도체 공장의 지하 저장 탱크에서 유출된 화학물질이 지역 지하수를 오염시키는 사건이 발생했으며, 이는 첨단 산업이 지역 생태계와 주민 건강에 미칠 수 있는 치명적인 영향을 경고한 사례였다.

더욱 우려스러운 점은 무어의 법칙(Moore's law)을 좇아 칩의 성능을 높이기 위해 매년 수백 종의 새로운 화학물질이 공정에 도입되지만, 이들 중 상당수는 충분한 독성 검증 없이 현장에 투입된다는 사실이다. 이는 노동자들을 일종의 실험용 쥐로 만들 수 있다는 비판을 받아왔으며, 실제로 과거 IBM 등의 제조 현장에서는 높은 유산율과 암 발생률이 보고되기도 했다.

하지만 AI 칩 제조가 드리우는 거대한 그림자는 바로 기후 변화다. 칩의 미세한 회로를 깎아내는 식각 공정과 장비 내부를 씻는 과정(chamber cleaning)에는 불소계 온실가스(fluorinated greenhouse gases, F-gases)가 필수적으로 사용된다. 이 가스들은 지구 온난화에 미치는 영향이 치명적이다. 칩의 성능이 고도화될수록 공정의 단계 수가 늘어나고, 이는 필연적으로 더 많은 F-가스의 사용과 배출로 이어진다. 우리는 흔히 챗GPT 같은 AI 모델을 사용할 때 소모되는 전력만을 걱정한다. 그러나 칩의 전체 생애 주기를 놓고 보면, 전원을 켜기도 전에 이미 막대한 환경적 비용이 발생했음을 알 수 있다. 아이폰 13과 같은 모바일 기기의 경우 전체 탄소발자국 중 약 81%가 기기를 제조하는 단계에서 발생하며, 사용 단계의 배출량은 16%에 불과하다. 이는 AI 시대로의 전환이 기후 위기 대응을 위한 녹색 전환과 충돌할 수 있음을 시사한다.

실리콘의 침묵

21세기 디지털 문명을 이끄는 AI는 마치 인류가 창조한 거대한 추상적 지성처럼 보이지만, 이 지성은 역설적으로 인류 역사상 가장 취약한 물질적 기반 위에 세워져 있다. 역사학자이자 기술·지정학 분석가인 크리스 밀러(Chris Miller)는 저서 《칩 워(Chip War)》(2022)에서 반도체를 현대 문명과 군사력의 근간인 '21세기의 석유'로 규정한 바 있다. 그의 통찰대로, AI 시대의 실리콘 칩은 단순한 전자 부품을 넘어 국가의 생존과 전략적 우위를 결정짓는 핵심 자원이다.

그러나 우리가 흔히 상상하는 것처럼 반도체 산업에 안정적이고 일직선으로 뻗은 공급망은 존재하지 않는다. 실제 구조는 전 세계에 흩어진 핵심 기술과 자본이 소수의 국가와 기업이라는 '전략적 급소'로 모여들었다가 다시 퍼져나가는 '중심축을 둔 방사형 구조(hub-and-spoke)'에 가깝다. 이는 중앙의 매듭 하나가 끊어지면 전체 시스템이 붕괴할 수 있는, 극도로 취약한 글로벌 기술 생태계임을 의미한다.

이제 우리는 이 매듭이 끊어지는 순간, 곧 실리콘이 침묵하는 상황을 상상해야 한다. 미 · 중 갈등이 격화되어 대만해협이 봉쇄되거나 군사 충돌이 발생할 경우, 이 침묵은 단순한 공급 부족을 넘어 세계 경제와 기술 인프라의 전면적 마비를 초래할 것이다. Project 2049 연구소의 분석에 따르면 대만의 반도체 산업이 멈출 때 세계 경제가 입을 충격은 사실상 수치로 가늠하기 어려울 정도로 크고, 파국적일 것이라고 평가된다. 이는 2020년 팬데믹이나 2014년 크림반도 사태보다 훨씬 심각한 충격으로 예상된다.

대만은 전자제품, 화학, 기계류의 주요 수출국이자 글

로벌 공급망의 핵심 허브이기에, 이곳의 봉쇄는 곧 전 세계 제조 라인의 동시 정지를 의미한다. 대만의 반도체 세조사인 TSMC의 팹이 멈추는 즉시 애플의 아이폰 생산이 중단되고, 엔비디아와 AMD 같은 미국의 반도체 기업들은 AI 데이터센터를 가동할 뇌를 잃게 되며, 전 세계 자동차 공장과 통신망은 마비될 것이다.

더욱 심각한 것은 국가 안보의 공백이다. 미국의 F-35 전투기, 미사일 방어 시스템, 감시 정찰 자산 등 핵심 무기 체계가 TSMC가 생산하는 상용 반도체에 직접적으로 의존하고 있다. 따라서 실리콘의 침묵은 곧 현대 문명의 침묵이며, 디지털 방어 체계의 무력화를 뜻한다.

반도체 산업은 고도로 통합된 글로벌 생태계이기 때문에 어느 한 지역의 위기는 즉각적으로 전 세계로 전이된다. 네덜란드와 미국의 장비 없이 칩을 만들 수 없듯, 대만의 제조 능력 없이는 AI라는 추상적 지성도 존재할 수 없다. 이 때문에 대만의 반도체 산업은 종종 '실리콘 방패(silicon shield)'로 불린다. 그러나 역설적으로, 이 방패가 깨지는 순간 세계는 피할 수 없는 경제적 · 안보적 재앙에 직면하게 된다.

참고문헌

Bassett, R. K.(2002). *To the digital age: Research labs, start-up companies, and the rise of MOS technology*. Johns Hopkins University Press.

Bogusz, M.(2023). The silicon shield: Taiwan amid the superpowers' rivalry (OSW Studies No. 83). Centre for Eastern Studies (OSW).

Chepesiuk, R.(1999). Where the chips fall: Environmental health in the semiconductor industry. *Environmental Health Perspectives, 107*(9), pp.A452~A457.

Hess, J. C.(2024). Chip production's ecological footprint: Mapping climate and environmental impact. Interface.

McKinsey & Company(2024.3.9). McKinsey on semiconductors (No. 9). McKinsey Global Publications.

Miller, C.(2022). *Chip war: The fight for the world's most critical technology*. Scribner. 노정태 옮김(2023). 《칩워: 누가 반도체 전쟁의 최후 승자가 될 것인가》. 부키.

Project 2049 Institute(2023). United States, Taiwan, and semiconductors: A critical supply chain partnership. Project 2049 Institute & US-Taiwan Business Council.

SiliconExpert(2022). China – Taiwan tensions: A SiliconExpert white paper. SiliconExpert.

Streetman, B. G. & Banerjee, S.(2006). *Solid state electronic devices (6th ed.)*. Pearson Education.

Sze, S. M. & Lee, M. K.(2012). *Semiconductor devices: Physics and technology (3rd ed.)*. John Wiley & Sons.

Teer, J. et al.(2024). The cost of conflict: Economic implications of a Taiwan military crisis for the Netherlands and the EU.

The Hague Centre for Strategic Studies (HCSS).
Wakerly, J. F.(2018). *Digital design: Principles and practices (5th ed.).* Pearson.
Whyte, W.(2001). *Cleanroom technology: Fundamentals of design, testing and operation (1st ed.).* John Wiley & Sons.
Woditsch, P. & Koch, W.(2002). Solar grade silicon feedstock supply for PV industry. *Solar Energy Materials and Solar Cells, 72*(1), pp.11~26.

02
AI의 에너지 효율 혁명, 화합물 반도체

AI와 데이터센터의 급증하는 전력 소비로 인해 기존 실리콘 반도체는 물리적 한계에 봉착했다. 이에 대한 해법으로 고전압과 발열에 강한 질화갈륨(GaN)과 탄화규소(SiC) 같은 화합물 반도체가 에너지 효율 혁명의 핵심으로 떠오르고 있다. 이 글은 신소재 기술 없이는 미래의 심각한 전력난과 기후 위기를 피할 수 없음을 경고한다.

노래하는 AI 보컬?

AI의 에너지 딜레마와 실리콘의 한계

AI 모델은 세대가 바뀔 때마다 더 거대해지고 정교해지고 있다. 매개변수 수가 기하급수적으로 늘어나면서 이를 학습·운영하기 위한 연산량도 폭발적으로 증가한다. 초거대 언어 모델 하나를 학습시키기 위해 수천 개의 GPU가 몇 달 동안 24시간 가동되고, 이 과정에서 소비되는 전력은 중형 도시가 사용하는 전력량에 맞먹는 수준에 이른다. 이러한 에너지 소비는 단순히 전기요금이 조금 더 나오는 문제가 아니라 전 세계 전력 인프라와 기후위기를 동시에 압박하는 구조적 문제로 떠오르고 있다.

AI의 에너지 딜레마는 가장 먼저 데이터센터의 전력 사용량 증가에서 드러난다. 골드만삭스(Goldman Sachs)의 《AI 시대를 움직이는 동력(Powering the AI era)》(2025)에 따르면 2030년까지 전 세계 데이터센터 전력 수요는 2020년대 초반 대비 약 160% 증가할 것으로 예상되며, 특히 AI 연산 부하가 이 증가분의 상당 부분을 차지한다.

전력 수요 증가는 국가 단위의 총량 문제뿐 아니라 지역 불균형과 사회적 갈등으로도 이어진다. 미국 버지니아 북부나 텍사스 일부 지역처럼 초대형 데이터센터가 밀집한 곳에서는 특정 카운티의 전력 사용량 중 20~

30%를 데이터센터가 차지한다. 실제로 일부 지역에서는 신규 데이터센터 인허가가 지연되거나 보류되고, 주민들은 전기요금 인상과 정전 위험 증가에 대한 우려를 표출하고 있다. AI 인프라 확장이 지역 경제에 일자리와 세수 증가를 가져오기도 하지만, 동시에 전력 · 토지 · 환경 부담을 둘러싼 복합적인 이해관계 충돌을 낳는 것이다.

이와 같은 에너지 딜레마는 단지 데이터센터 규모 확대 때문이 아니라, 그 밑바탕에 있는 실리콘 기반 반도체의 한계와도 맞물려 있다. 지난 수십 년 동안 마이크로칩은 트랜지스터 집적도를 높여 성능을 끌어올렸고, 반도체 칩의 성능이 2년마다 2배로 증가한다는 '무어의 법칙'은 정보화 시대를 상징하는 말이 되었다. 그러나 미세공정이 3나노, 2나노까지 내려오자 더 촘촘한 배치만으로는 예전처럼 성능을 끌어올리기 어려워졌다. 선폭이 지나치게 가늘어지면 누설 전류와 트랜지스터 온 · 오프 과정에서의 발열이 급격히 증가해, 전압과 클록 주파수를 함부로 높일 수 없기 때문이다. 실리콘의 비교적 좁은 밴드갭은 고전압 · 고온 환경에서 전자 누설과 열화를 쉽게 일으키며, 이는 결국 전력 효율이 갖는 구조적 한계로 이어진다.

실리콘을 넘어서: GaN과 SiC의 등장

AI 시대의 전력 문제를 풀기 위해 반도체 업계가 선택한 길 가운데 하나는, 실리콘을 근본적으로 대체하거나 보완할 새로운 재료를 찾는 방향이다. 그 중심에 서 있는 것이 바로 질화갈륨(Gallium Nitride, GaN)과 탄화규소(Silicon Carbide, SiC) 같은 화합물 반도체다. 화합물 반도체는 말 그대로 두 가지 이상의 원소가 결합해 만들어진 반도체를 뜻하는데, GaN과 SiC는 실리콘보다 전자가 움직이기 위해 넘어야 하는 에너지 문턱이 훨씬 높은 물질이다. 이런 재료를 '와이드 밴드갭(wide bandgap) 반도체'라고 부르며, 에너지 문턱이 높다는 특성 덕분에 높은 전압과 온도에서도 전자가 함부로 새어 나가지 않아 전력을 더 효율적으로 다룰 수 있다.

"밴드갭이 넓다"라는 말은 전자가 제자리에서 떨어져 나와 전류를 만들기까지 더 큰 에너지가 필요하다는 뜻이다. 쉽게 말해, 전자가 넘어야 할 에너지의 담장이 높고 두꺼워 작은 열이나 전압에는 쉽게 흔들리지 않는 셈이다. 담장이 낮은 실리콘에서는 작은 자극에도 전자가 튀어나와 누설 전류와 열화가 발생하기 쉽지만, GaN과 SiC에서는 전자가 불필요하게 들뜨지 않아 절연 성능이 뛰어나다. 실리콘의 에너지 문턱을 '1'이라고 본다면,

GaN과 SiC는 거의 '3'에 가깝다고 이해할 수 있다. 이 차이 때문에 GaN과 SiC 소자는 고전압 · 고온 환경에서도 안정적으로 온 · 오프를 반복하며 전력을 정밀하게 제어할 수 있고, 전력 변환 과정에서 열로 버려지는 손실은 줄어들며 부품의 내구성과 수명은 길어진다. 그래서 GaN과 SiC는 "실리콘의 벽"을 넘어 전력 반도체 기술을 한 단계 끌어올릴 재료로 주목받고 있다.

GaN과 SiC는 모두 와이드 밴드갭 반도체이지만, 물성의 미묘한 차이로 인해 적용 분야가 다소 다르게 나뉜다. GaN은 전자 이동도가 높고 전류를 매우 빠르게 켜고 끌 수 있어, 수십~수백 볼트 수준의 중저전압 영역에서 고주파 전력 변환이 필요한 분야에 적합하다. 예컨대 데이터센터나 가전기기용 전원 공급 장치처럼 제한된 공간에서 고효율 · 고전력 밀도를 요구하는 회로에서, GaN 트랜지스터는 실리콘보다 작으면서도 더 빠르고 효율적인 전력 변환을 구현한다. 또한 GaN은 고주파(RF) 대역 성능이 우수해 5G 통신 기지국, 레이더, 위성 통신 장비 등에서도 활용이 확대되고 있다.

SiC는 "고전압과 고출력"이 필요한 분야에서 강점을 보인다. SiC는 소자가 견딜 수 있는 최대 전압인 '항복 전압'이 매우 높아, 수백~수천 볼트의 고전압을 안정적으로 처리하면서도 부품을 소형화할 수 있다. 이 특성은 전기차의 구동 장치, 철도 · 산업용 모터, 태양광 · 풍력처럼 생산된 전기를 쓸 수 있는 형태로 바꾸는 전력 변환 장치에 특히 잘 맞는다. 최근 전기차 업계가 400V에서 800V급 고전압 시스템으로 전환하는 흐름도, 전력 손실을 줄이고 부품을 작게 만들려는 목적과 맞물려 있다. 이 과정에서 SiC 반도체는 높은 전압에서도 전류를 효율적으로 켜고 끄고, 발생한 열을 빠르게 빼내며 전력 변환 효율과 주행 효율을 동시에 높여 주는 핵심 기술로 주목받고 있다.

이처럼 GaN을 "속도에 강한 소자", SiC를 "힘에 강한 소자"로 비유한다면, 두 기술은 경쟁보다는 역할 분담에 가깝다. GaN은 전류를 빠르게 켜고 끄는 특성과 고주파 신호 처리에 강해 중전력 장비에 적합하고, SiC는 고전압과 열 제어가 필요한 초고출력 시스템에 유리하다. 전자공학자들은 용도에 따라 실리콘을 계속 사용할지, GaN이나 SiC로 전환할지를 판단해 시스템 효율을 극대화한다. 이 과정에서 단순히 부품만 교체하는 것이 아니라 회로 구성, 냉각 방식, 패키징까지 시스템 전체를 재설계해야 할 수도 있다. 와이드 밴드갭 소자로의 전환은 단순한 소재 교체가 아니라 전력 전자 설계의 패러다임 자체를 바꾸는 일이다.

더 빠르고 효율적인 세상을 향하여

GaN과 SiC의 등장은 추상적인 차세대 소재 혁신이 아니라 이미 우리 삶과 산업 현장에서 체감되는 변화로 나타나고 있다. 데이터센터, 전기자동차, 5G · 6G 통신망, 그리고 일상 속 전자기기까지 다양한 영역에서 화합물 반도체의 도입이 진행 중이며, 이는 단순히 몇 퍼센트의 효율을 개선하는 수준을 넘어 AI 시대의 지속 가능성을 떠받치는 물질적 기반을 형성한다.

데이터센터 분야에서 GaN과 SiC는 "전력 효율이 곧 경쟁력"이라는 공식을 현실로 만들고 있다. 서버와 스토리지뿐 아니라 전원 공급과 냉각에 많은 전력을 사용하는 데이터센터에서, GaN 기반 전력 변환기를 도입하면 고주파에서 작동하며 변환 손실을 줄이고 장비의 크기와 무게도 감소시킬 수 있다. 예컨대 48V 서버 전원에 GaN 컨버터를 적용하면 실리콘보다 효율이 몇 퍼센트포인트 높아지고, 이는 초대형 데이터센터에서는 연간 수백만 달러의 전력 · 냉각 비용 절감으로 이어진다. SiC는 고전압 직류(HVDC) 아키텍처에 적합해 전력 손실을 줄이고 서버 탑재용 장비 프레임(랙)당 전력 밀도를 높여 더 많은 AI 서버 운용을 가능하게 한다. 결국 GaN과 SiC는 AI 데이터센터의 전력 소비를 줄이는 핵심 기술이다.

전기자동차와 재생에너지 분야에서도 화합물 반도체는 중요한 역할을 한다. 전기차의 직류를 교류로 바꿔 모터를 구동하는 장치(인버터)나 온보드 충전기에 SiC 파워 반도체를 적용하면 전류를 켜고 끄는 과정에서의 손실을 줄여 효율이 높아지고, 같은 배터리로 더 먼 주행이 가능해진다. 주요 완성차 업체들은 400V에서 800V급 고전압 아키텍처로 전환하며 전력 구동 장치에 SiC 모듈을 채택하고 있고, 태양광 · 풍력 발전 시스템에서도 SiC의 고전압 · 고온 특성을 활용해 전력 변환 효율을 개선하고 있다. 이러한 변화는 개별 차량의 성능을 넘어, 전력망 전체의 에너지 손실을 줄이는 방향으로 확산하고 있다.

차세대 통신 인프라에서도 GaN의 역할은 점점 중요해지고 있다. 5G 기지국은 4G보다 더 높은 주파수와 넓은 대역폭을 사용하며, 여러 개의 안테나로 신호를 한 방향으로 모아 쏘고 동시에 더 많은 사용자의 데이터를 처리해야 하므로 전력 증폭기의 효율과 발열 관리가 핵심이다. 질화갈륨 RF 소자는 기존 실리콘 기반 고전력 증폭 소자(LDMOS)보다 더 높은 전력 밀도와 효율을 제공해, 같은 출력을 더 작은 크기와 낮은 전력으로 구현할 수 있다. GaN 트랜지스터는 고주파에서도 신호 증폭 성능을 안정적으로 유지하고 열 방출이 쉬워 기지국 냉각 부담을 줄이며, 전국 수만 개 기지국의 전력 소비와 운영비 절감에 이바지한다. 6G 시대 더 높은 주파수와 데이터 속도가 요구될수록 GaN의 중요성은 더 커질 것으로 전망된다.

화합물 반도체 혁신은 이제 개인의 전자기기에서도 뚜렷이 나타난다. 과거 65W 이상의 노트북·스마트폰 충전기는 크고 무거웠지만, GaN 전력 IC가 상용화되면서 손바닥 크기로 작아졌다. GaN 소자는 실리콘보다 높은 전류 제어 속도와 효율을 제공해, 작으면서도 더 빠른 충전을 가능하게 한다. 덕분에 소비자는 작은 충전기 하나로 여러 기기를 고속 충전할 수 있고, 제조사는 부품 수와 발열을 줄여 설계를 단순화할 수 있다. GaN 기술은 스마트폰, 노트북, 서버 전원 등 다양한 분야로 확산 중이며, 공정 성숙도와 신뢰성 확보를 바탕으로 채택이 빠르게 늘고 있다.

끝나지 않는 에너지 소모

만약 지금 이 시점에서 화합물 반도체 기술의 진전이 멈춘다면 어떤 미래가 펼쳐질까. AI 모델은 해마다 커지고 복잡해지지만, 하드웨어의 전력 효율은 과거 실리콘 시대 수준에 머무른다. 연산량은 기하급수적으로 늘어나는데 효율은 따라오지 못하는, 한쪽으로 기울어진 성장의 시나리오가 펼쳐진다.

2035년, 기록적인 폭염이 이어지던 어느 여름 저녁, 휴대폰에는 "전력 수급 위기 단계 격상, 일부 AI 서비스 일시 중단"이라는 익숙한 경보가 다시 울린다. 데이터를 갈아 넣는 초거대 모델은 계속 등장했지만, 더 효율적인 화합물 반도체가 제때 상용화되지 못한 탓에 데이터센터는 전기 먹는 하마를 넘어 국가 전력망의 블랙홀로 변해 있다. 정부와 전력 회사가 선택할 수 있는 것은 퇴근 시간대 가정용 에어컨을 제한할 것인지, AI 서버의 가동을 줄일 것인지 정도뿐이다. 일부 도시는 최고조 시간에 생성형 AI 이미지 · 영상 서비스를 제한하는 '시간제 AI'를 시행하고, 한국에서는 데이터센터 전력 비중이 커지면서 주택용 전기요금 인상이 일상적인 뉴스가 된다. 사람들은 "AI로 무엇을 얻는가"보다 "AI 때문에 전기요금이 얼마나 올랐는가"를 먼저 입에 올린다.

AI는 기후 모델링과 재생에너지 운영에 필수적인 도구가 되었지만, 정작 AI를 돌리기 위해 노후 화력발전소의 가동 시간이 늘어나고, 탈석탄 로드맵은 조금씩 뒤로 밀린다. 한편, 중소 도시 전체와 맞먹는 전력을 끌어 쓰는 AI 데이터센터 유치를 둘러싸고 갈등이 격화된다. 지방 정부는 세수와 일자리, 인프라 투자를 이유로 기업을 환영하지만, 주민들은 송전선과 변전소 건설, 전기요금 인상과 정전 위험을 이유로 반대 목소리를 높인다. AI 클러스터를 유치한 도시와 그렇지 못한 도시 사이의 격차는 경제적 간극을 넘어 에너지 불평등의 문제로 번져 간다.

이러한 압력 속에서 일부 국가는 결국 AI 연산에 사용되는 전력 상한을 설정하고, 초거대 모델 학습에 'AI 에너지세'를 부과하기 시작한다. 새로 발표되는 모델에는 성능 지표뿐 아니라 훈련과 운영에 사용된 전력량, 추정 탄소 배출까지 함께 공개하도록 의무화하는 규제가 붙는다. 유럽에서는 '디지털 금주령'이라는 표현이 언론과 일상 대화에 자주 등장하고, "필요 이상의 모델은 돌리지 말자"라는 규범이 상식으로 자리 잡는다. 그 사이 전기차와 재생에너지 전환의 속도는 비효율적인 전력 조절 장치 탓에 기대에 미치지 못한다.

2035년의 AI는 더 이상 효율과 친환경의 상징이 아니다. 과도한 에너지와 자원을 잡아먹는 기술, 전기요금을 올리는 숨은 범인으로 불린다. 그러나 문제는 AI 그 자체가 아니라, 우리가 더 나은 물길을 준비할 의지를 갖지 않았다는 데 있다. 효율적인 반도체 기술은 AI의 진보를 지속 가능하게 만들 수 있다.

참고문헌

정혜연(2025.10.6). "넓은 밴드갭·우수한 특성으로 떠오르는 화합물반도체: [집중 해부] 왜 질화갈륨(GaN)·탄화규소(SiC)인가". 신동아. https://shindonga.donga.com/economy/article/all/13/5883259/1

Enuh, B. M.(2023). Gallium nitride semiconductors in 5G networks. AZoM. https://www.azom.com/article.aspx?ArticleID=22494

Goldman Sachs Investment Banking(2025). Powering the AI era. Goldman Sachs.

Kandemir, M.(2025.4.8). Why AI uses so much energy—and what we can do about it. Institute for Energy and the Environment, Pennsylvania State University. https://iee.psu.edu/news/blog/why-ai-uses-so-much-energy-and-what-we-can-do-about-it

Leppert, R.(2025.10.24). What we know about energy use at U.S. data centers amid the AI boom. Pew Research Center. https://www.pewresearch.org/short-reads/2025/10/24/what-we-know-about-energy-use-at-us-data-centers-amid-the-ai-boom/

Microchip USA(2025.6.30). GaN and SiC: The power electronics revolution leaving silicon behind. https://www.microchipusa.com/industry-news/gan-and-s

ic-the-power-electronics-revolution-leaving-silicon-behind

Waurzyniak, P.(2021.12.16). GaN application base widens, adoption grows. Semiconductor Engineering. https://semiengineering.com/gan-application-base-widens-adoption-grows/

03
AI 모빌리티의 동력, 리튬과 코발트

AI 모빌리티의 심장인 배터리는 리튬과 코발트라는 '하얀 석유'로 움직인다. 리튬은 에너지를, 코발트는 안전을 책임지지만, 특정 국가와 중국의 가공 독점에 묶인 공급망은 치명적인 안보 급소다. 또한 채굴 현장의 환경 파괴와 아동 노동은 혁신의 어두운 그림자다. 자원 공급이 끊기면 전기차 시대는 언제든 멈출 수 있다.

인공지능과 편향?

전기 심장의 두 핵심 원소

정교한 알고리즘이 뇌라면 배터리는 멈추지 않는 심장이다. AI가 자율주행차 · 로봇 · 드론처럼 실제 공간을 움직이기 시작할 때 가장 먼저 필요한 것은 에너지를 저장 · 공급하는 기반이다. 리튬과 코발트는 이 전기 심장을 이루는 핵심 원소다. 전기차 바닥의 거대한 배터리 팩은 심장이고, 그 안을 오가는 리튬 이온은 피, 이를 담고 구조를 지탱하는 코발트 산화물은 심장 근육처럼 기능하며 물질과 에너지의 얽힘을 보여 준다.

리튬 이온 배터리의 출발점은 리튬이라는 원소의 독특한 성질이다. 리튬은 주기율표에서 가장 가벼운 금속이라 같은 무게일 때 더 많은 전기를 저장할 수 있고, 전자를 내어주려는 성질이 강해 배터리에서 높은 전압을 뽑아낼 수 있다. 덕분에 리튬 전지는 무게를 크게 늘리지 않고도 높은 에너지 밀도를 달성할 수 있으며, 이는 전기차에서 똑같은 배터리 팩 크기로 200km가 아니라 500km까지 달릴 수 있게 만드는 기반이 된다.

리튬 이온 배터리 안에서 리튬은 충전 시 리튬 코발트 산화물($LiCoO_2$)과 같은 양극 물질의 격자에서 빠져나와 전해질을 지나 흑연 등의 음극에 삽입되고, 방전 시 다시 양극으로 돌아가며 전기를 만든다. 이처럼 충전할 때는 리튬 이온이 양극에서 음극으로, 방전할 때는 다시 음극에서 양극으로 '의자에 앉았다 일어나는' 것처럼 앞뒤로 오가는 구조를 '록킹 체어(rocking-chair) 메커니즘'이라고 부른다. 이 메커니즘에서 리튬 이온의 작은 크기와 높은 이동성은 빠른 충·방전과 높은 출력을 가능하게 한다. 리튬 이온이 가볍게 왕복할수록 모터 구동 전류와 AI 자율주행 알고리즘은 더 안정적으로 유지된다.

그러나 아무리 뛰어난 전령이 있어도 그 전령을 받아들이고 내보내는 집이 불안정하면 시스템 전체는 위험해진다. 코발트는 리튬 이온 배터리 양극에서 이러한 구조적 안정성을 책임지는 핵심 원소다. 리튬 코발트 산화물 같은 층상 산화물에서 코발트 이온은 산소와 함께 견고한 격자를 형성해 충·방전 과정에서 리튬 이온이 드나들 때 결정 구조가 붕괴되는 것을 막는다. 이 덕분에 코발트가 포함된 양극은 수백 회의 충·방전 후에도 층상 구조를 유지하며, 배터리 용량과 수명 저하가 상대적으로 완만하게 진행된다.

실제 성능을 비교해 보면 코발트의 역할이 분명해진다. 순수 리튬 코발트 산화물 전지는 보통 500~1000회, 니켈(N)·망간(M)·코발트(C)를 섞은 NMC 계열 양극은 1000~2000회까지 충·방전이 가능하다. 코발트가 결정 구조를 단단히 지탱해 반복되는 팽창 · 수축에도 붕괴와 균열을 줄이기 때문이다. 코발트 비율을 지나치게 낮추면 에너지 밀도는 비슷해도 고온 · 고출력 상황에서 구조가 쉽게 불안정해지고 열폭주 위험이 커진다. 코발트는 배터리의 안정성과 수명을 떠받치는 보이지 않는 안전장치에 가깝다.

하얀 석유를 둘러싼 세계, 글로벌 공급망

리튬과 코발트는 이제 '하얀 석유(white oil)'라 불린다. 20세기 석유가 그렸던 지정학의 지도를, 21세기에는 배터리 광물이 다시 그리고 있음을 뜻한다. 석유 시대에는 중동 산유국이 에너지 패권의 중심이었다면, 전기차와 AI 모빌리티의 시대에는 남미 안데스 고원, 아프리카 콩고, 호주와 중국이 새로운 축으로 부상하고 있다.

리튬 공급의 핵심 무대는 칠레 · 아르헨티나 · 볼리비아 국경이 만나는 안데스 고원의 소금 호수 지대, 이른바 리튬 삼각지대다. 이 지역에 전 세계 확인 리튬 자원의 절반가량이, 전체 리튬 자원의 약 60%가 라틴아메리카에 몰려 있는 것으로 추정된다. 이곳에서는 지하 염수를 끌어 올려 거대한 증발지에서 태양으로 물을 날려 보낸 뒤 남은 소금층에서 리튬을 추출한다. 사막의 햇빛과 물,

광물이 결합해 AI 모빌리티의 에너지원이 되는 셈이지만, 막대한 물 사용 탓에 이미 물 스트레스가 심각한 안데스 지역에서 토착 공동체와의 갈등과 환경 부담이 커지고 있다.

호주는 현재 세계 최대 리튬 생산국으로, 2020년대 들어 전 세계 생산의 약 절반을 차지하고 있으며 칠레와 중국이 그 뒤를 잇는다. 호주에서는 주로 리튬이 많이 들어 있는 단단한 광석인 스포듀민(spodumene)을 캐서 정제하고, 남미는 염수(brine)에서 리튬을 뽑아내는 방식이 중심이어서 채굴 · 제련 공정이 크게 다르다. 그 결과 리튬 삼각지대는 매장량과 자원의 중심지, 호주는 실제 생산의 중심지로 분화했다. 이는 지질 조건뿐 아니라 투자 · 인프라 · 정책이 결합한 결과다. AI 모빌리티를 움직이는 배터리 속 리튬은 이렇게 남미 소금 평원과 호주 광산을 두 축으로 삼아 글로벌 가치사슬을 따라 이동한다.

그러나 리튬과 코발트가 채굴지에서 곧바로 배터리가 되는 것은 아니다. 남미와 아프리카에서 나온 원광의 상당 부분은 중국 등 소수 국가로 운반되어 화학적 정제와 소재화 과정을 거친 뒤에야 배터리 셀 제조사로 넘어간다. 중국 기업들은 호주 · 칠레 · 아르헨티나 등 해외 광산에 투자하며 전 세계 배터리용 리튬 정제 능력의 약 60%를 보유하고 있고, 리튬 · 코발트 가공 능력의 3분의 2 이상을 통제한다. 다시 말해 남미 · 아프리카 광산에서 나온 원료가 중국에서 배터리 등급 화학 물질로 재가공된 뒤, 한국 · 일본 · 유럽 · 미국의 배터리 및 자동차 기업으로 되돌아가는 구조가 형성되어 있다.

코발트 공급망의 편중은 리튬보다 훨씬 극단적이다. 세계 코발트 매장량과 생산량의 상당 부분이 콩고에 몰려 있다. 콩고는 전 세계 코발트 생산의 70% 이상을 차지하고 있다. 여기에 대규모 산업 광산뿐 아니라 수많은 소규모 · 수작업 광산이 포함되고, 이렇게 채굴된 자원은 중국 · 유럽 · 북미의 정제 업체와 배터리 소재 기업으로 흘러 들어간다. 특히 중국은 정제 코발트 생산의 약 80%를 차지해, 콩고에서 나온 원광 대부분이 중국 정제 공장을 거친 뒤 전 세계로 유통된다. 다시 말해 콩고 광산과 중국 정제 공장이 하나의 파이프라인을 이루며, 이 구조가 글로벌 전기차와 AI 모빌리티 산업의 핵심 병목이자 전략적 지렛대로 작동한다.

배터리의 눈물, 채굴의 윤리적 딜레마

AI와 전기차는 탄소를 줄이고 지구를 지키는 기술로 홍

보되지만 그 이면에는 다른 상흔이 남는다. 이 상흔은 공장이 아니라 광산과 사막, 강변과 마을에서 시작되며, 배터리라는 깔끔한 기술 제품 뒤에는 수많은 눈물과 갈등이 겹겹이 쌓인다. 전기차와 에너지 저장 장치를 떠받치는 리튬과 코발트는 그 자체로 친환경 자원이 아니라, 특정 지역의 물과 땅, 사람의 삶을 대가로 확보된 자원이라는 점에서 윤리적 딜레마의 중심에 서게 된다.

리튬 채굴은 물 환경과 생태계에 치명적이다. 칠레 아타카마 사막에서는 리튬 1톤을 얻기 위해 약 200만 리터의 지하 염수를 증발시킨다. 세계에서 가장 건조한 이곳에서 채굴로 인한 지하수 고갈과 습지 파괴는 생태계를 위협한다. 이는 토착 공동체의 농업과 목축 기반을 무너뜨려 주민 이탈과 지역 문화의 붕괴까지 초래하고 있다.

리튬 채굴의 환경 위협은 칠레를 넘어 아르헨티나와 티베트에서도 반복된다. 아르헨티나 북서부의 원주민들은 수원 고갈과 가뭄에 맞서 환경 평가 강화를 요구하며 시위를 벌이고 있다. 2016년 티베트에서는 광산 화학 물질 유출로 강물이 오염되고 물고기가 떼죽음을 당해 주민 저항이 일어났다. 그러나 소비자는 하얀 석유의 화려함 뒤에 숨겨진 생산지의 물 부족과 생태계 파괴 현실을 거의 인지하지 못하고 있다.

코발트는 환경을 넘어 심각한 인권 문제를 안고 있다. 주산지인 콩고에서는 주민들이 맨손으로 좁은 갱도에서 광석을 캐는 수작업 채굴이 만연하다. 심지어 아이들조차 학교 대신 위험한 채굴 현장으로 내몰리고 있다. 이들은 보호 장비 없이 하루 1~2달러를 벌며, 붕괴 사고와 유독 물질 노출의 위협을 매일 견디고 있다.

멈춰버린 전기차 시대

멈춰버린 전기차 시대는 단순한 공상 시나리오가 아니라, 리튬과 코발트라는 두 금속에 과도하게 의존한 세계가 실제로 맞닥뜨릴 수 있는 하나의 가능성이다. 전기차 배터리는 리튬과 코발트 없이는 생산이 거의 불가능하고, AI 기반 자율주행차 · 물류 로봇 · 도심형 모빌리티 서비스는 이 배터리를 에너지 원천으로 삼는다. 따라서 핵심 광물의 공급망이 흔들리는 순간, AI 모빌리티 혁명은 코드와 알고리즘이 아니라 지하자원과 정치적 결정에 의해 제동이 걸린다.

2036년 가상 시나리오에서, 콩고 내전으로 코발트 수출이 전면 중단된다. 세계 생산의 70%를 차지하는 이곳의 위기는 즉시 글로벌 공급 쇼크를 유발한다. 같은 시기 남미 리튬 삼각지대도 자원 국유화에 나선다. 특히 칠레는 2023년부터 리튬 사업에 대한 국가 통제를 강화해 왔으며, 이는 자원의 전략 무기화가 가속될 것임을 시사한다.

리튬과 코발트 가격은 정치적 불확실성에 민감하게 반응한다. 칠레 국유화 논의 당시 리튬 가격은 폭등했고, 기업들은 광산 선점을 위해 치열한 경쟁을 벌였다. 여기에 콩고발 수출 중단 악재까지 겹치자, 원재료 가격은 순식간에 300% 이상 치솟으며 돈을 주고도 구하지 못하는 품귀 현상이 빚어진다.

배터리 가격 폭등은 전기차 생산에 직격탄이다. 제조원가의 30~40%를 차지하는 배터리 비용이 치솟자, 완성차 가격도 급등한다. 이에 보급형 모델 출시는 무산되고, 업체들은 울며 겨자 먹기로 내연기관차 비중을 다시 늘리고 있다. 설상가상으로 배터리 수급이 막혀 멀쩡하던 공장마저 가동을 멈추는 사태가 속출한다.

AI 모빌리티 생태계는 이 충격을 견딜 여력이 없다. 배터리 공급이 끊긴 자율주행 택시는 차고지에 멈춰, 소프트웨어만 업데이트되는 '움직이지 않는 AI'가 된다. 물류 로봇과 배송 드론 역시 동력을 잃고 멈춰 선다. 전력망에서도 에너지 저장 장치 설치 지연으로 재생에너지 활용이 막혀 화석 연료 의존도가 다시 높아진다. 결국 AI

는 서버 속에서만 진화할 뿐, 현실의 인프라는 자원난에 발목 잡혀 정지해 버린다.

참고문헌

Bhutada, G.(2023.1.5). This chart shows which countries produce the most lithium. World Economic Forum. https://www.weforum.org/stories/2023/01/chart-countries-produce-lithium-world/

Dempsey, M. & Troiano, B.(2023.6.1). Chilean government's lithium industry plan: Likely to have major ramifications on global energy transition. FTI Consulting.

Ellerbeck, S.(2023.1.10). Lithium: Here's why Latin America is key to the global energy transition. World Economic Forum. https://www.weforum.org/stories/2023/01/lithium-latin-america-energy-transition/

Frankel, T. C. & Whoriskey, P.(2016.12.19). Tossed aside in the 'white gold' rush. The Washington Post. https://www.washingtonpost.com/graphics/business/batteries/tossed-aside-in-the-lithium-rush/

Howard, M. & Gifford, S.(2023). Building a responsible cobalt supply chain. 《Faraday Insights》, 7. Faraday Institution. https://www.faraday.ac.uk/wp-content/uploads/2023/01/Faraday_Insights_7_Jan23_Final.pdf

Kara, S.(2023). *Cobalt red: How the blood of the Congo powers our lives*. St. Martin's Press.

Knowledge Sourcing Intelligence(2024.10.11). The top 10 lithium-producing countries.

https://www.knowledge-sourcing.com/resources/thought-articles/the-top-10-lithium-producing-countries/

McKie, R.(2021.1.3). Child labour, toxic leaks: The price we could pay for a greener future. The Guardian. https://www.theguardian.com/environment/2021/jan/03/child-labour-toxic-leaks-the-price-we-could-pay-for-a-greener-future

Miller, C.(2022). *Chip war: The fight for the world's most critical technology*. Scribner. 노정태 옮김(2023). 《칩워: 누가 반도체 전쟁의 최후 승자가 될 것인가》. 부키.

Mohanty, S. & Buzwani, M.(2024.1.17). Understanding how EV battery recycling can address future mineral supply gaps. RMI. https://rmi.org/understanding-how-ev-battery-recycling-can-address-future-mineral-supply-gaps/

Pan, L.(2025.7.10). How does cobalt work in Li-ion batteries?. Large Battery. https://www.large-battery.com/blog/cobalt-work-in-li-ion-batteries/

Pattisson, P.(2021.11.8). 'Like slave and master': DRC miners toil for 30p an hour to fuel electric cars. The Guardian. https://www.theguardian.com/global-development/2021/nov/08/cobalt-drc-miners-toil-for-30p-an-hour-to-fuel-electric-cars

Ritchie, H. & Rosado, P.(2025.2.3). The world's lithium is mined in just a handful of countries. Our World in Data. https://ourworldindata.org/data-insights/the-worlds-lithium-is-mined-in-just-a-handful-of-countries

Sovacool, B. K.(2019). The precarious political economy of

cobalt. *The Extractive Industries and Society, 6*(3), pp.915~939.
UNCTAD(2020.7.22). Developing countries pay environmental cost of electric car batteries. United Nations Conference on Trade and Development. https://unctad.org/news/developing-countries-pay-environmental-cost-electric-car-batteries
United States Congressional-Executive Commission on China(2023.11.14). From cobalt to cars: How China exploits child and forced labor in the Congo. U.S. Government Publishing Office.
U.S. Energy Information Administration(2025.5.21). China dominates global trade of battery minerals. Today in Energy. https://www.eia.gov/todayinenergy/detail.php?id=65305
U.S. Geological Survey(2025). Mineral Commodity Summaries 2025. U.S. Department of the Interior.
Villegas, A. & Scheyder, E.(2023.4.21). Chile plans to nationalize its vast lithium industry. Reuters. https://www.reuters.com/markets/commodities/chiles-boric-announces-plan-nationalize-lithium-industry-2023-04-21/
Xie, J. & Lu, Y.-C.(2020). A retrospective on lithium-ion batteries. *Nature Communications, 11*, 2499.

04

도시와 전력, 구리로 연결되는 세상

AI와 스마트시티의 붉은 혈관인 구리는 전력과 데이터를 흐르게 하는 필수 자원이다. 전기차와 재생에너지 확대로 수요가 폭증하며 '신석유'로 부상했지만, 채굴 한계와 특정 국가에 편중된 공급망 불안이라는 위기에 직면했다. 이에 폐기물에서 자원을 캐내는 '도시 광산'이 중요한 대안으로 떠오르고 있다.

청각장애인과 AI?

도시의 붉은 혈관, 구리의 재발견

현대 문명을 인체에 비유한다면, AI와 데이터가 신경망을 흐르는 전기 신호라면, 구리는 그 신호를 전달하고 에너지를 순환시키는 붉은 혈관에 해당한다. 도시는 거대한 유기체이며, 그 유기체를 살아 있게 하는 것은 에너지의 흐름이다. 그 흐름을 물리적으로 실현하는 핵심 매개체가 바로 구리다. 높은 전도성과 연성, 부식 저항력을 지닌 구리는 전기와 데이터의 원활한 흐름을 보장하는 물질로, 도시 인프라 전반에 사용된다.

전력 공급망에서 구리는 송전선, 배전망, 변압기 내부 배선까지 거의 모든 구간에 쓰인다. 발전소에서 출발한 전기가 가정과 산업단지에 도달하는 동안 에너지 손실을 줄이고 안정적으로 전달되기 위해 구리 도체는 필수적이다. 구리는 건물 내부 전기 배선, 상수도·난방관, 냉방용 열교환기에도 폭넓게 쓰이며, 광통신 시대에도 가입자에게 이르는 최종 구간에서는 여전히 구리 케이블이 필요하다. 또한 사물인터넷(IoT) 센서와 5G 소형 기지국의 전원 공급, 건축물의 접지 및 피뢰 시스템에도 광범위하게 사용된다.

에너지·교통의 전기화가 가속되면서 구리는 더욱 중요한 물질이 되고 있다. 국제에너지기구(IEA)에 따르면 일반 내연기관차에는 평균 20kg, 완전 전기차(EV)에는 약 80~90kg의 구리가 쓰인다. 배터리 · 모터 · 전력 변환 장치 연결과 충전 인프라, 냉각 시스템 등 핵심 부품에 고품질 구리가 필요하기 때문이다. AI 데이터 센터에서도 수천 개 GPU의 전력 공급과 분배, 서버 간 연결 케이블, 냉각 장치에 대량의 구리가 들어간다. 거대 언어 모델을 떠받치는 AI 기반 도시 인프라는 구리 없이는 사실상 작동할 수 없다.

AI 기반 스마트시티는 IoT, 자율주행, 에너지 최적화 등을 내세우지만, 그 물질적 토대는 여전히 구리에 의존한다. 무선통신 역시 기지국까지의 유선 연결 없이는 성립하지 않으므로 '무선'은 구리 위에 세워진 자유에 가깝다. 구리는 경제성, 기술적 대체 가능성, 공급 안정성을 함께 고려할 때 대체하기 매우 어려운 금속이다. 은(silver)은 전도성은 뛰어나지만 지나치게 비싸고, 알루미늄은 가볍지만 같은 전도 성능을 내려면 더 많은 양이 필요하다. 그래서 구리는 구시대의 금속이 아니라 에너지 전환과 디지털 혁신을 떠받치는 미래의 핵심 금속으로 다시 부상하고 있다.

수요 폭증과 채굴의 한계

AI 시대와 에너지 전환은 구리에게 전례 없는 중압감을 안겼다. 디지털 인프라, 전기차, 스마트그리드, 재생에너지 기술의 확장은 구리를 '신(新)석유'로 만들었다. 예컨대 태양광 설비는 석탄 발전보다 5배, 해상 풍력은 최대 12배의 구리를 더 요구하며, 전기차에는 내연기관차보다 3~4배 많은 구리가 들어간다. 2036년까지 세계 구리 수요는 지금보다 최소 40% 이상 증가할 것으로 전망되며, 청정에너지 기술 부문만 놓고 봐도 구리 수요는 3배로 뛸 가능성이 제기된다.

하지만 급증하는 수요와 달리 공급은 빠르게 한계에 가까워지고 있다. 핵심 문제는 구리 광석의 구리 함유량 감소다. 100년 전만 해도 구리 함유율 2% 이상 광석이 흔했지만, 현재 상업용 광산의 평균 품위는 0.5~0.6% 수준이다. 같은 양의 구리를 얻기 위해 훨씬 더 많은 암석을 캐야 하며, 그만큼 에너지 소비와 오염물질 배출이 증가한다. 구리 1톤을 정제하는 데 2.8~3.7톤의 이산화탄소가 배출되고, 산성 광산배수와 폐석은 산림 훼손, 토양·수질오염으로 이어진다.

이런 상황은 단지 환경문제에 그치지 않는다. 구리 매장량은 칠레, 페루, 콩고, 러시아, 호주 5개국에 56% 이상 집중되어 있으며, 광산에서 캐낸 광석을 갈고 골라 구리 비율을 높인 중간 생산물인 '구리정광' 가공의 상당 비율은 중국에 편중되어 있다. 중국은 전 세계 구리 정광의 60%를 수입 · 정제하고 있으며, 전 세계 구리 제련량의 45%를 차지한다. 이러한 공급 집중은 지정학적 불확실성, 무역 장벽, 수출입 제한 등 다양한 리스크를 내포한다. 실제로 칠레와 페루의 생산량은 최근 5년간 감소세를 보였고, 세계 최대 광산인 칠레의 에스콘디다도 점차 생산 효율이 낮아지고 있다.

신규 광산을 개발한다고 해서 당장의 문제를 해결할 수 있는 것도 아니다. 탐사에서 상업적 생산까지 평균 15~25년이 걸린다. 유엔무역개발회의(UNCTAD)는 2030년까지 80개 이상의 신규 광산과 약 2500억 달러의 투자가 필요하다고 경고한다. 하지만 이미 전 세계 구리 가격은 2022년 톤당 1만 달러를 돌파했고, 투자자들은 공급 부족을 선반영하고 있다. 글로벌 시장 분석 기관인 S&P Global은 2035년까지 연간 600만 톤의 공급 부족이 발생할 수 있다고 분석한다.

여기에 구리 공급 불안까지 겹치면 상황은 한층 더 복잡해진다. 구리 가격이 급등하고 공급이 부족해지면, 노후 케이블과 변압기를 교체하는 작업은 미뤄지기 쉽다.

유엔무역개발회의는 2040년까지 예상되는 구리 수요를 맞추려면 2030년 이전에 80개 이상의 신규 광산과 막대한 투자가 필요하지만, 현실적으로 공급 부족이 구조화될 가능성을 경고한다.

잠자는 자원의 부활, 도시 광산

채굴의 한계와 환경적 딜레마 앞에서 우리는 더 깊은 구덩이를 팔 것인지, 아니면 시선을 우리 발밑의 도시로 돌릴 것인지 선택해야 한다. 여기에서 등장하는 개념이 바로 '도시 광산(urban mining)'이다. 도시 광산은 폐가전, 낡은 전선, 버려진 자동차, 해체되는 건물 속 배선과 배관처럼 이미 사용을 마친 제품과 구조물에서 금속을 다시 회수하는 산업과 실천을 가리킨다. 과거에는 쓰레기로 취급되어 매립되거나 소각되던 것들이, 이제는 천연광산 못지않은 고품위 자원으로 다시 읽히기 시작했다.

숫자로 보면 이 전환의 의미가 더 분명해진다. 금광석 1톤에서 얻을 수 있는 금은 보통 몇 g에 불과하지만, 폐휴대폰 1톤에서는 수백 g의 금과 함께 수백 kg의 구리를 뽑아낼 수 있다. 국제동협회(ICA)는 지난 100년 동안 생산된 약 6억 9000만 톤의 구리 중 3분의 2가 아직도 건물, 전선, 기계와 제품 속에서 사용 중이라고 추정한다.

이는 현재 전 세계 광산 생산량 기준으로 30년이 넘는 양이 도시 곳곳에 사회적 재고로 누적되어 있다는 뜻이며, 이 거대한 금속의 축적을 도시 광산이라고 부른다. 다시 말해, 우리는 이미 엄청난 양의 구리가 매설된 도시 위에 살고 있지만, 그 가치를 제대로 인식하지 못해 왔다.

구리는 도시 광산이라는 관점에서 특히 매력적인 금속이다. 구리는 성능 저하 없이 거의 무한히 재활용할 수 있으며, 1차 채굴에 비해 훨씬 적은 에너지로 다시 녹여서 사용할 수 있다. 전 세계에서 매년 사용되는 구리의 약 3분의 1이 재활용에서 오고, 구리 재활용은 신규 채굴에 비해 에너지 사용과 이산화탄소 배출을 크게 줄인다. 복잡한 전자 스크랩을 재처리할 때는 구리뿐 아니라 금, 은, 니켈, 주석, 아연 등 고가 금속도 함께 회수할 수 있어 경제성과 환경성이 동시에 높다. 재활용 공장이 일종의 금속 정련 허브로 기능하는 셈이다.

그럼에도 도시 광산의 잠재력은 아직 충분히 발휘되지 못하고 있다. 2024년 유엔 환경·훈련 연구기관(UNITAR)이 발표한 “글로벌 전자폐기물 모니터”에 따르면, 2022년 전 세계에서 발생한 전자폐기물은 6200만 톤이 넘지만, 공식적으로 수거·재활용된 양은 22.3%에 불과하다. 나머지는 매립, 비공식 소각, 방치 상태로 남아 토양과 수질을 오염시키고, 그 속에 들어 있는 구리와 귀금속도 함께 버려진다.

기술적 진화도 빠르게 진행되고 있다. 재활용 현장에서는 AI 탑재 로봇 팔이 컨베이어 벨트를 지나가는 전자제품과 배터리를 실시간 인식 · 분류하고, 이미지 인식 모델과 센서 기반 분리 기술이 스마트폰 · 노트북 · 케이블 · 리튬이온 배터리, 그리고 구리 · 알루미늄 · 플라스틱을 고순도로 가려낸다. 여기에 미생물을 활용해 금속을 녹여내는 미생물 침출법(bio-leaching)이 주목받고 있는데, 구리 광석이나 전자폐기물 표면에서 금속을 선택적으로 용출해 고온 제련보다 적은 에너지와 낮은 온도로 회수할 수 있다. 이러한 공정이 본격 상용화되면, 도시 광산은 단지 "덜 나쁜 선택"을 넘어 기존 채굴보다 훨씬 환경 친화적인 대안으로 부상할 수 있다.

낡고 끊어진 도시의 혈관

AI와 소프트웨어는 매일 업데이트되지만, 도시의 지하를 흐르는 전력망과 구리선은 수십 년째 제자리인 경우가 많다. 눈에 보이는 앱과 서비스는 최신 버전으로 갈아입지만, 그 모든 것을 떠받치는 붉은 혈관은 서서히 노후화되고 있다. 이 불균형이 어떤 결과를 가져올지 상상해 보는 일은, 단순한 디스토피아 놀이가 아니라 AI 시대에 인프라를 어떻게 다뤄야 하는지에 대한 중요한 사전 경고가 된다.

2036년의 어느 8월, 기록적인 폭염이 한 스마트시티를 덮쳤다고 가정해 보자. 서울시의 AI 관제센터는 전력 수요 급증에 대응하기 위해 비상 모드로 전환된다. 퇴근 시간대에 수많은 전기차가 동시에 충전을 시작하고, 모든 건물의 에어컨이 최대 출력으로 돌아가면서 전력 수요는 예측치의 상한을 넘어선다. 슈퍼컴퓨터급 AI는 실시간 데이터를 분석해 구역별 부하를 조정하고, 일부 비필수 설비의 전원을 차단하는 등 논리적으로 완벽해 보이는 조치를 연이어 내린다. 문제는 논리가 아니라 물질이다. 1990년대에 매설된 땅속 구리 케이블 중 일부가 과부하로 인한 열을 견디지 못하고 절연이 파괴되면서 합선이 발생한다. 변압기가 폭발하고, 도심 핵심 구역 전체가 정전에 빠진다.

이 정전은 더 이상 불편한 수준에서 끝나지 않는다. 몇 분 안에 통신 기지국의 예비 배터리가 바닥나면서 이동통신과 데이터망이 차례로 다운된다. 클라우드에 접속하지 못하는 자율주행차는 도로 한복판에서 비상 정지하고, 원격 인증 서버와 연결되지 못한 스마트 잠금 장치는 집주인조차 문을 열지 못하게 만든다. 엘리베이터는 멈추고, 결제망이 마비되면서 편의점과 마트는 현금 외에는 결제받지 못한다. AI는 복구 알고리즘을 계산하고 있지만, 그 지시를 전달할 구리 선이 끊어진 순간, 거대한 지성은 도시를 위해 해 줄 수 있는 일이 거의 없다. 이 시나리오는 AI라는 추상적 지성이 얼마나 취약한 물질적 기반 위에 떠 있는지를 극명하게 드러낸다.

여기에 구리 공급 불안까지 겹치면 상황은 한층 더 복잡해진다. 구리 가격이 급등하고 공급이 부족해지면, 노후 케이블과 변압기를 교체하는 작업은 미뤄지기 쉽다. 유엔무역개발회의는 2040년까지 예상되는 구리 수요를 맞추려면 2030년 이전에 80개 이상의 신규 광산과 막대한 투자가 필요하지만, 현실적으로 공급 부족이 구조화될 가능성을 경고한다.

구리의 가치가 높아질수록, 또 다른 어두운 그림자도 드리워진다. 바로 구리 선 절도다. 구리가 도시의 혈관이자 고가 금속이 되면서, 세계 곳곳에서 전선과 케이블을 노린 절도가 빈발하고 있다. 2023년 미국 로스앤젤레스에서는 신형 6번가 교량의 조명 시스템에 사용된 구리 선이 도난당해, 다리 난간 조명의 3분의 1이 한동안 꺼진 채 방치되는 사건이 벌어졌다. 필라델피아에서는 변압기 함에서 구리를 훔치려던 사람이 감전을 당해 크게 다치고, 인근 1500가구에 정전을 일으킨 사례도 있었다.

AI 인프라 역시 예외가 아니다. 데이터센터, 5G · 6G 통신망, 전기차 초급속 충전소와 같은 설비에는 수천, 수만 톤 규모의 구리가 들어간다. 구리 공급이 불안정해지거나 가격이 급등하면, 이러한 프로젝트는 지연되거나 축소될 수밖에 없다. 국제에너지기구(IEA)는 "깨끗한 에너지 미래의 성패는 구리 등을 포함한 핵심 금속의 안정적 공급에 달려 있다"라고 지적하며, 구리 공급 부족이 에너지 보급망 업그레이드를 늦추고 기후 목표 달성에도 차질을 줄 수 있다고 경고한다. 결국 스마트시티의 초연결 인프라는 생각보다 훨씬 물질적인 병목에 의해 멈춰 설 가능성이 있다.

참고문헌

Charles, R.(2025.6.26). How copper supply deficits are reshaping the critical minerals landscape. CRUX Investor. https://www.cruxinvestor.com/posts/how-copper-supply-deficits-are-reshaping-the-critical-minerals-landscape

Conway, E.(2023). *Material world: A substantial story of our past and future*. Ebury Publishing. 이종인 옮김(2024). 《물질의 세계: 6가지 물질이 그려내는 인류 문명의 대서사시》. 인플루엔셜.

Davis, C.(2025.3.21). Man nearly electrocuted after cutting copper wire, knocking out power in Northeast Philadelphia. 6ABC.
https://6abc.com/post/power-knocked-northeast-philadelphia-man-severely-burned-allegedly-trying-steal-copper-wiring/16055709/

Farmonaut(2025). Copper importance in infrastructure & tech: 2025 trends.
https://farmonaut.com/infrastructure/copper-importance-in-infrastructure-tech-2025-trends

ICA(2021). Copper recycling. International Copper Association.

IEA(2021). The role of critical minerals in clean energy transitions. International Energy Agency.
https://www.iea.org/reports/the-role-of-critical-minerals-in-clean-energy-transitions

KABC(2023.12.22). Portion of 6th Street Bridge goes dark after thieves steal copper wires. ABC7 Los Angeles.
https://abc7.com/post/6th-street-bridge-copper-wire-theft-streetlights-broken-ribbon-of-light-los-angeles/14212362/

OK On Recycling(2025.10.11). Urban mining and metal recovery: Turning e-waste into a sustainable resource. OK On Recycling Blog.
https://www.okonrecycling.com/industrial-scrap-metal-recycling/specialty-metals/urban-mining-metal-recovery/

Poonia, G. & Uteuova, A.(2021.11.9). How the rise of copper reveals clean energy's dark side. The Guardian.
https://www.theguardian.com/us-news/2021/nov/09/copper-mining-reveals-clean-energy-dark-side

Smil, V.(2022). *How the world really works: A scientist's guide to our past, present and future.* Viking.

Snowdon, N. et al.(2021). Green Metals: Copper is the new oil. Goldman Sachs Global Investment Research.

UNCTAD(2025). Global trade update: Focus on critical minerals – Copper in the new green and digital economy. United Nations Conference on Trade and Development. https://unctad.org/webflyer/global-trade-update-may-2025

UNITAR(2024.3.20). Global e-waste monitor 2024: Electronic waste rising five times faster than documented e-waste recycling. United Nations Institute for Training and Research. https://unitar.org/about/news-stories/press/global-e-waste-monitor-2024-electronic-waste-rising-five-times-faster-documented-e-waste-recycling

05
스마트 기기의 숨은 주인, 희토류

희토류는 스마트폰 · 풍력 발전 · 전기차 · AI · 군사 장비까지 거의 모든 첨단 기술에 소량으로 들어가 성능을 높이는 '기술의 비타민'이다. 그러나 채굴 · 정제 과정에서 막대한 독성 폐수와 방사성 오염이 발생하고, 공급망이 중국에 과도하게 집중되어 있어 분쟁이나 수출 규제로 희토류가 끊기면 전기차 · 재생에너지 · 의료 · 방위 산업이 동시에 흔들릴 수 있다.

AI 콘텐츠 크리에이터?

첨단 기술의 비타민, 희토류란 무엇인가?

희토류라는 이름은 많은 사람에게 '지구상에 아주 조금만 존재하는 신비한 금속'이라는 인상을 준다. 그러나 희토류는 금이나 백금보다 훨씬 널리 분포하는 원소군이다. 일부 희토류 원소는 매장량 기준으로 구리보다 흔하고, 가장 드문 편에 속하는 원소조차 금보다 풍부한 경우가 많다. 그럼에도 '희귀한 흙'이라는 이름이 붙은 이유는 이 원소들이 한곳에 농축된 광맥으로 모여 있지 않고 암석 속에 매우 낮은 농도로 넓게 흩어져 있으며, 서로 화학적 성질까지 비슷해 분리 · 정제가 극도로 까다롭기 때문이다.

과학적 정의에서 희토류는 주기율표의 란타넘족 15개 원소에 스칸듐과 이트륨을 더한 17개 금속 원소를 가리킨다. 이들은 비슷한 전자 구조 덕분에 독특한 자성, 형광성, 전도성을 띠며, 합금에 소량만 들어가도 강도와 자성을 높이고, 유리 · 세라믹에 섞이면 특정 색의 빛을 안정적으로 내며, 광섬유나 센서에서는 신호 증폭에 쓰인다. 이렇게 극히 적은 양으로 성능을 끌어올리는 특성 때문에 희토류는 종종 비타민에 비유된다. 몸무게에서 비중은 작지만 인체 기능 전반을 좌우하는 비타민처럼, 희토류도 제품 한 대에서 무게는 미미하지만, 성능과 효율을 업그레이드하는 첨단 기술의 비타민이다.

희토류는 현대 디지털 하드웨어의 핵심이며, 그 대표 주자는 네오디뮴이다. 네오디뮴 영구자석은 강력한 자속 밀도로 하드디스크, 스피커, 모터 등의 소형·경량화를 이끌었고, 초경량 노트북과 스마트폰, 무선 이어폰 구현의 토대가 되었다. 산업 분야에서도 2메가와트급 풍력 발전기 터빈 하나에 수백 kg의 네오디뮴과 디스프로슘이 사용되거나, 전기차 모터의 효율과 회전력을 극대화하는 필수 소재로 쓰인다. 이처럼 희토류는 소량으로도 높은 출력과 효율을 보장하며 첨단 에너지 전환의 '비타민' 역할을 수행하고 있다.

스마트폰 한 대를 떠올려 보자. 전화가 올 때 손에 전해지는 미세한 진동, 귀 속 작은 스피커에서 터져 나오는 소리, 화면을 가득 채우는 선명한 붉은색과 초록색 뒤에는 모두 희토류가 숨어 있다. 구리, 알루미늄, 금뿐 아니라 네오디뮴, 유로퓸, 터븀 등 여러 희토류가 진동 모터와 스피커 자석, 선명한 적·녹색을 내는 디스플레이 형광체에 소량씩 들어가 정밀한 진동·음향과 화질을 만들어 낸다. 하지만 희토류는 스마트폰 안에만 머무르지 않는다. 레이저, 촉매, 고성능 유리, 특수 합금, MRI와 X선 영상 장비, 군사용 레이더와 유도 무기, 그리고 데이터센터의 하드디스크와 서버 냉각 팬, 5G 기지국, 자율주행차의 라이다 · 레이더 센서까지 두루 쓰인다.

공급망의 지정학, 보이지 않는 무기

"중동에는 석유가 있고, 중국에는 희토류가 있다"라는 1992년 덩샤오핑의 말은 이제 수사가 아니라, 21세기 지정학을 요약하는 문장에 가깝다. 석유가 20세기 산업사회를 움직이는 연료였다면 희토류는 AI와 재생에너지, 전기차와 스마트폰이 돌아가는 데 필요한 미세한 비타민이다. 문제는 이 비타민이 한 나라에 지나치게 집중되어 있다는 점이다. 이 집중 구조는 국제정치학에서 흔히 말하는 자원 민족주의와 특정 인프라에 대한 의존을 정치적 압박 수단으로 활용하는 무기화된 상호 의존의 결합으로 이해할 수 있다. 공급 차질이 발생하는 순간, 희토류는 단순한 소재가 아니라 국제 정치의 보이지 않는 무기로 바뀐다.

국제에너지기구(IEA)의 분석에 따르면 리튬 · 코발트 · 희토류 같은 전환 광물은 상위 3개 생산국이 전 세계 생산의 75% 이상을 차지하며, 희토류의 경우 2019년 기준 중국이 광산 생산량의 약 60%를, 정제 · 분리 공정에서는 90%를 담당하고 있다. 단순히 "많이 생산한다"

는 수준이 아니라 원광 채굴에서 산화물 · 금속 · 자석 제조까지 이어지는 가치사슬 전체가 중국에 집중된 구조다. 미국 · 호주 · 미얀마 등도 산지로 등장하고 있지만, 이들 국가에서 캐낸 광석 상당수는 여전히 중국 정제 공장으로 들어가야만 최종 제품이 된다.

지질학적으로 보면 희토류는 세계 곳곳에 분포하지만, 실제 생산과 공급은 아시아 · 태평양, 특히 중국에 과도하게 의존한다. 중국은 한때 세계 희토류 공급의 90% 이상을 담당하며 사실상의 시장 독점자로 군림했고, 이러한 독점적 지위는 2019년 미 · 중 무역 갈등 국면에서 대외 압박 수단으로 활용될 수 있는 잠재력을 보여 주었다. 값싼 인건비와 느슨한 환경 규제, 그리고 서방 국가들이 더럽고 위험한 공정을 외주화한 결과 형성된 이 공급망은, 단지 경제적 효율성의 산물이 아니라 독성 노동의 글로벌 분업이라는 점에서 환경 정의 문제와도 맞닿아 있다.

2010년 센카쿠 열도(댜오위다오) 분쟁 당시 중국이 일본행 희토류 수출을 사실상 중단하면서 희토류는 '보이지 않는 무기'로 떠올랐다. 불과 몇 달 만에 세륨 가격이 4달러에서 30달러대로 치솟는 등 국제 시세가 4배 이상 폭등했고, 첨단 산업 타격을 우려한 미 · 일 · EU는 중국을

WTO에 제소했다. 이 사건을 계기로 국제사회는 중국의 희토류 독점을 단순한 자원 문제를 넘어 심각한 안보 위협이자 외교적 "에이스 카드"로 인식하게 되었다.

최근 미 · 중 기술 패권 경쟁 속에서 미국이 반도체 수출을 통제하자 중국은 희토류 수출 규제로 맞불을 놓고 있다. 극미량의 희토류가 포함된 부품까지 통제 범위에 들어가면서 한국을 비롯한 제3국 생산기지까지 연쇄적인 위협을 받게 되었다. 당장 네오디뮴 부족으로 스마트폰과 전기차 생산 설비가 멈추는 시나리오도 배제할 수 없다. 이제 희토류 공급망은 단순한 산업 이슈를 넘어, 동아시아 안보와 에너지 전환, 글로벌 군수 산업을 관통하는 핵심 안보 인프라가 되었다.

기술의 대가, 채굴의 환경 비용

AI, 전기차, 재생에너지는 종종 친환경 산업의 상징으로 이야기된다. 그러나 이 기술들이 움직이는 데 필요한 희토류의 생산 과정을 따라가면 풍력 발전기와 전기차의 매끈한 외관과는 전혀 다른, 거칠고 오염된 풍경과 마주하게 된다. 희토류는 탄소 배출 저감 기술의 핵심 소재지만, 그 채굴과 정제 과정은 지구상에서 가장 오염 집약적인 산업 중 하나로 평가된다.

희토류의 환경 부담은 채굴 현장에서 시작된다. 희토류 광석은 보통 1~2% 미만의 낮은 농도로 분포하기 때문에, 경제성이 있는 수준의 금속을 얻기 위해서는 막대한 양의 암석을 파내야 한다. 이 암석은 잘게 부수어지고, 이후 황산, 염산, 암모늄 황산염 용액 등 강한 산성 용액을 반복적으로 주입해 희토류 이온을 녹여내는 용리(leaching) 공정을 거친다. 이때 희토류만 용출되는 것이 아니라 토륨과 우라늄 같은 방사성 원소, 카드뮴과 납 같은 중금속도 함께 흘러나온다. 정제 단계에서는 용매 추출과 침전, 재용해 과정을 수십 차례 반복하는데, 희토류 금속 1톤을 생산하는 과정에서 최대 2000톤의 독성 폐수가 발생한다.

중국 내몽골 바오터우 지역은 이러한 희토류 산업의 그림자를 가장 극적으로 보여 주는 상징적 공간이다. 바얀오보 광산과 인근 제련 단지는 세계 최대 규모의 희토류 생산지이지만, 동시에 거대한 인공 폐수호가 자리 잡은 곳이기도 하다. 희토류를 정제한 뒤 남은 시커먼 폐액과 슬러지가 수십 년 동안 이 호수에 쌓였다. 이곳의 흑색 슬러지에서는 방사성 토륨과 우라늄이 높은 농도로 검출되었고, 바람에 날리는 미세한 오염 먼지는 주변 마을까지 퍼져 주민들의 호흡기와 뼈 건강을 위협한다.

희토류의 환경 비용은 공급망 전체의 구조적 문제다. 미국 마운틴패스 광산은 잦은 오염 사고로 문을 닫았고, EU 또한 엄격한 규제 탓에 정제 산업이 사실상 사라졌다. 결국 규제가 느슨한 곳을 찾아 생산 거점이 이동하면서, 중국 네이멍구 일대가 세계 희토류의 공급 중심지이자 오염을 떠안는 '희생지대(sacrifice zone)'로 재편되었다.

한국의 첨단 산업도 이 환경 비용과 무관하지 않다. 한국은 반도체, 스마트폰, 전기차 배터리, 풍력 · 태양광 부품 등에서 세계적인 경쟁력을 갖고 있지만, 그 안에 들어가는 희토류 소재는 대부분 수입에 의존한다. 국내에 일부 매장지가 확인되어 있음에도 낮은 경제성과 환경 부담 우려로 본격적인 개발은 이뤄지지 않고 있다. 겉으로 보기에 한국은 희토류 채굴과 정제에서 한 발 떨어져 있는 소비국처럼 보인다. 그러나 실제로는 중국과 기타 생산국에서 발생한 환경 비용을 제품에 내재한 형태로 함께 수입하는 셈이다. AI 서버, 전기차, 스마트폰을 수출할수록, 눈에 보이지 않는 희토류 채굴의 생태 발자국도 함께 확장되는 구조가 된다.

희토류 공급이 멈추는 날

희토류 공급망은 겉으로 보기에는 안정적으로 돌아가는

거대한 기계처럼 보이지만, 실제로는 몇 개의 좁은 병목과 특정 국가에 집중된 정제 능력에 의존하는 취약한 구조를 가진다. 이처럼 취약한 공급망에서 특정 시점에 희토류 공급이 갑자기 끊기면, 여러 산업에 걸쳐 연쇄적인 충격이 확산될 수밖에 없다.

2036년 어느 날을 가정해 보자. 미·중 갈등이 격화되는 가운데 중국이 전략 광물 수출 규제를 전격으로 발표하고, 희토류 산화물과 자석 제품의 수출 허가를 사실상 중단한다. 며칠 사이 전 세계 희토류 가격이 폭등하고, 전기차 업체와 풍력 설비 회사, 로봇 제조사의 주가가 동시에 출렁인다. 한국의 한 전기차 공장에서는 창고에 쌓인 모터용 자석 재고를 계산하며 조기 휴업 여부를 검토하고, 병원에서는 노후 MRI 장비 부품 교체 일정이 미뤄진다. 희토류 공급망의 작은 파열이 곧 여러 산업의 숨고르기가 아니라, 강제 정지를 의미하는 순간이다.

희토류 공급 쇼크는 산업 비용 증가를 넘어 금융시장과 국제 정치에도 파장을 일으킨다. 통제 가능성 보도만으로도 기업 주가와 환율이 요동치고, 실제 규제 시 첨단국 성장 저하와 공급망 재편이 가속화될 가능성이 크다. 한편, 중국의 바오터우와 바옌오보 같은 생산지는 단일 산업 구조 탓에 환경 피해와 경제 불안정이라는 이중 부담을 안고 있으며, 위기 논의의 최전선에 가장 먼저 노출되는 것 또한 이들 지역 주민이다.

전기차와 재생에너지 설비가 받는 충격은 한층 심각하다. 네오디뮴·디스프로슘 영구자석은 고효율 모터와 풍력 터빈의 핵심 소재이기 때문이다. 중국의 수출 규제가 몇 달만 지속돼도 테슬라와 현대차 등 주요 기업의 생산 계획 수정은 불가피하다. 이미 희토류 조달 불안으로 생산 설비 중단이나 설계 변경을 겪은 사례도 있다. 탄소중립을 추진하는 한국과 유럽으로서는 핵심 전략이 흔들리는 셈이며, 친환경 전환이 소수 금속에 의해 지연되는 아이러니가 나타난다.

AI 로봇과 방위 산업의 경우 희토류 공급 쇼크는 기술·안보 위험으로 직결된다. 휴머노이드 로봇과 물류 자동화 로봇에는 수십 개의 정밀 서보모터가 들어가고, 각 모터에는 고성능 영구자석이 필수다. 희토류가 없으면 로봇은 소프트웨어가 아무리 정교하더라도 움직이지 못하는 철제 골조에 불과하다. 미사일 유도 장치, 레이더 시스템, 첨단 전투기에도 여러 형태의 희토류 소재가 쓰이기 때문에, 미국 국방부는 이미 희토류를 전략 비축 대상이자 국가 안보 사안으로 분류하고 장기 조달 계획을 수립하고 있다. 한국 역시 의료용 MRI 장비, 방산 전자장비, 위성통신 시스템 등에서 희토류 공급 차질이 발생할 경우 필수 인프라 유지에 상당한 어려움을 겪을 수밖에 없다.

결국 희토류 공급 쇼크는 단순한 비용 상승 문제가 아니라, 국가 전략과 산업 구조를 재설계하도록 압박하는 신호다. 위기 가능성만으로도 시장과 외교가 요동치는 상황을 피하려면, 각국은 공급선 다변화, 재활용과 대체 소재 개발, 전략 비축 확대를 결합한 위험 완화 포트폴리오를 구축해야 한다.

참고문헌

강명구(2025.10.16). "트럼프 방식 복제한 중국 희토류 통제… 한국이 갈 길은 하나뿐". 오마이뉴스. https://www.ohmynews.com/NWS_Web/Series/series_premium_pg.aspx?CNTN_CD=A0003172850

Abraham, D. S.(2015). *The elements of power: Gadgets, guns, and the struggle for a sustainable future in the rare metal age.* Yale University Press.

Dushyantha, N. et al.(2020). The story of rare earth elements (REEs): Occurrences, global distribution, genesis, geology, mineralogy and global production. *Ore Geology Reviews, 122*, 103521.

Emsley, J.(2001). *Nature's building blocks: An A-Z guide to the elements.* Oxford University Press.

Hawkins, A.(2025.6.26). The world wants China's rare earth elements: What is life like in the city that produces them?. The Guardian. https://www.theguardian.com/world/2025/jun/26/china-rare-earths-baotou-life-metallic-elements

Herbst, J. F. & Croat, J. J.(1991). Neodymium-iron-boron permanent magnets. *Journal of Magnetism and Magnetic Materials, 100*(1-3), pp.57~78.

IEA(2021). The role of critical minerals in clean energy transitions. International Energy Agency. https://www.iea.org/reports/the-role-of-critical-minerals-in-clean-energy-transitions

King, A. & Armstrong, S.(2013.8.18). Did China really ban rare earth metals exports to Japan?. East Asia Forum. https://eastasiaforum.org/2013/08/18/did-china-really-ban-rare-earth-metals-exports-to-japan/

Klinger, J. M.(2017). *Rare earth frontiers: From terrestrial subsoils to lunar landscapes.* Cornell University Press.

Pitron, G.(2020). *The rare metals war: The dark side of clean energy and digital technologies.* In Brown, A.(trans.). Scribe Publications.

Standaert, M.(2019.7.2). China wrestles with the toxic aftermath of rare earth mining. Yale Environment 360. https://e360.yale.edu/features/china-wrestles-with-the-toxic-aftermath-of-rare-earth-mining

Stover, D.(2011.11.22). The myth of renewable energy. Bulletin of the Atomic Scientists. https://thebulletin.org/2011/11/the-myth-of-renewable-energy/

Visual Capitalist Elements(2021.8.25). A breakdown of the critical metals in a smartphone. Mining.com. https://www.mining.com/web/a-breakdown-of-the-critical-metals-in-a-smartphone/

06
AI 신경망의 혈관, 광섬유와 빛

AI가 이끄는 초연결 사회의 혈관은 빛을 실어 나르는 가느다란 유리선, 곧 광섬유다. 희토류 원소인 어븀으로 신호를 증폭하는 이 광섬유 해저 케이블은 바다 밑을 가로지르며 전 세계 데이터의 약 99%를 운반하는 핵심 신경망 역할을 한다. 동시에 이 거대한 시스템은 지진이나 선박의 닻에 의해 언제든 끊길 수 있는 물리적 취약성을 안고 있으며, 한번 단절이 발생하면 곧바로 디지털 문명의 마비로 이어질 수 있다.

AI와 민주주의?

빛으로 데이터를 쏘다, 광섬유의 혁명

당신이 지금 이 문장을 읽는 동안에도, 스마트폰이나 노트북 속 데이터는 빛으로 변해 도시와 바다를 가로지르고 있다. 오늘날 AI가 거의 실시간으로 반응하는 것은 지하와 해저에 머리카락보다 가느다란 유리 실이 수만 킬로미터 깔려 있고, 그 안을 빛이 질주하기 때문이다.

인류의 통신 기술은 봉화 · 연기 · 횃불 같은 가시거리 신호에서 전신 · 전화용 구리선으로 발전했지만, 구리선은 거리 증가에 따라 신호가 약해지고 전송 용량에도 물리적 한계가 있었다. 20세기 중반 영국의 연구자 찰스 카오(Charles Kao)와 조지 호컴(George Hockham)은 "구리가 아니라 유리와 빛을 쓰면 어떨까?"라는 질문을 던지며, 충분히 순수한 유리라면 통신에 쓸 수 있을 만큼 손실을 줄일 수 있다고 분석했다. 당시에는 "유리가 어떻게 수 킬로미터를 버티는가"라는 회의도 있었지만, 이 발상은 광섬유 혁명의 출발점이 되었고 이후 고속 인터넷과 현대 광통신의 토대가 되었다.

광섬유의 작동 원리는 의외로 단순하다. 핵심은 굴절률이 높은 물질에서 낮은 물질로 빛이 나가려 할 때, 입사각이 임계각을 넘으면 빛이 밖으로 빠져나가지 못하고 안쪽으로만 반사되는 전반사 현상이다. 광섬유는 이

효과를 이용해 가운데 코어(core)를 굴절률이 조금 더 높은 유리로 만들고, 바깥을 굴절률이 낮은 클래딩(cladding)으로 감싼다. 그러면 한쪽 끝에서 넣은 레이저 빛은 코어와 클래딩 경계에서 계속 반사되며 섬유 끝까지 전달된다. 마치 물수제비를 던진 돌멩이가 수면을 타고 튀어 나가듯, 빛은 유리 경계면을 따라 지그재그로 미끄러지며 이동한다.

이 원리 자체는 오래전부터 알려져 있었지만, 관건은 "빛이 지나가는 길에서 신호가 얼마나 약해지는가", 즉 손실(dB/km)을 얼마나 줄이느냐였다. 여기서 dB/km는 "빛이 1km를 지날 때 얼마나 세기가 떨어지는지"를 나타내는 단위로, 숫자가 클수록 신호가 금방 사라진다는 뜻이다. 초기 유리 섬유는 손실이 km당 수백~수천 dB에 달해, 몇 km도 가지 못해 빛이 거의 소멸해 버렸다. 통신용으로 쓰려면 이 값을 5dB/km 이하, 이상적으로는 1dB/km 수준까지 낮춰야 했다. 이를 위해 해변의 모래에서 출발한 이산화규소를 극도로 정세·증착·재가열하는 공정을 반복했고, 그 결과 현대 광섬유용 실리카는 dB/km 손실이 이론적 한계에 가까울 정도로 낮아져, 빛이 매우 적게 약해지며 멀리까지 전달될 수 있게 되었다.

정보를 나르는 주체가 전자에서 광자로 바뀌면서 디

지털 인프라의 성격이 달라졌다. 구리선에서는 전자가 움직이며 저항과 열이 생겨 증폭 장치가 필요하고, 한 가닥의 대역폭에도 뚜렷한 한계가 있다. 반면 광섬유에서는 빛이 정보를 싣고 달리며, 파장 다중화 기술로 한 가닥 안에서 여러 색의 빛이 서로 다른 신호를 동시에 운반한다. 이 전환은 전화국을 잇던 굵은 구리 케이블을 도시와 대륙을 연결하는 광케이블로 바꾸었고, 바닷속을 지나는 해저 케이블의 심지에도 유리 섬유가 들어 있다. 스마트폰 터치나 챗봇 질문은 기지국·데이터센터·국가 간 관문을 거치며 이런 광섬유를 통과하고, 우리가 클라우드라 부르는 공간의 바탕에는 결국 빛을 가두는 유리와 이를 보호하는 여러 물질이 있다.

신호를 증폭시키는 마법, 희토류 첨가 유리

아무리 좋은 길이라도 멀리 가면 피로가 쌓이듯, 아무리 투명한 광섬유라도 빛은 거리를 달리다가 점점 지친다. 수도관 끝에서 수압이 떨어지듯, 바닷속을 수천 킬로미터 달려온 빛 신호는 점점 약해져서 결국 "이게 1인지 0인지"조차 구별하기 어려운 수준이 된다. 초기 해저 광케이블 시스템에서는 이 문제를 해결하기 위해 일정 거리마다 빛을 전기 신호로 바꾸고, 전기 회로로 증폭한 뒤 다시 빛으로 되돌리는 O-E-O(광-전기-광) 변환 방식을 사용했다. 이 방식은 기술적으로는 가능했지만, 장비가 복잡하고 비용과 에너지 소모가 커서, 고속·대용량 통신이 보편화되는 시대에는 분명한 병목으로 작용했다.

연구자들이 꿈꾼 해법은 단순했다. "굳이 빛을 전기로 바꾸지 말고, 빛인 상태 그대로 키울 수 없을까?" 이 질문에서 오늘날 장거리 통신의 심장이라 불리는 광증폭기(optical amplifier) 개념이 태어났다. 광증폭기는 말 그대로 "광학 영역에서 직접 신호의 세기를 키워주는 장치"로, 신호를 전기로 변환하지 않고 빛 자체를 증폭한다는 점이 핵심이다. 이렇게 하면 느리고 비싼 전자 중계기를 대폭 줄일 수 있고, 여러 파장을 동시에 보내는 파장 분할 다중화(WDM) 시스템에도 훨씬 유리하다.

이때 등장하는 존재가 희토류다. 여러 희토류 원소 중 통신 역사에서 특별 대우를 받는 주인공이 바로 어븀(erbium)이다. 머리카락보다 가는 광섬유의 유리 코어에 극미량의 어븀 이온(Er^{3+})을 섞었다. 그리고 이 구간에 별도의 레이저, 이른바 펌프 레이저(pump laser)를 쏘아 어븀 이온에 에너지를 미리 충전해 둔다. 물리학에서는 이런 상태를 "들뜬 상태(excited state)"라고 부른다.

이제 먼 길을 달려오다가 기운이 빠진 통신 신호, 즉

약해진 빛이 이 구간을 지나간다고 상상해 보자. 들뜬 상태로 대기하던 어븀 이온들은 이 빛을 만나면, 자신이 쌓아두었던 에너지를 원래 신호와 똑같은 색(파장)과 방향, 위상을 가진 빛으로 쏟아낸다. 이 과정을 물리학에서는 유도 방출(stimulated emission)이라고 부른다. 쉽게 비유하자면, 마라톤 주자가 지쳐 속도가 떨어질 때, 뒤에서 달려오던 동료가 같은 속도로 어깨를 밀어주며 함께 뛰어주는 것과 비슷하다. 주자는 멈추지 않고 원래 속도를 되찾는다.

이 장치를 어븀 첨가 광섬유 증폭기(erbium-doped fiber amplifier, EDFA)라고 부른다. EDFA의 중요한 특징은, 통신에 가장 적합한 파장 대역과 절묘하게 맞아떨어진다는 점이다. 일반 통신용 광섬유는 약 1550nm(≒1.55μm) 정도 부근에서 손실이 가장 작게 나타나는데, 어븀 이온은 바로 이 파장대의 빛을 매우 효율적으로 증폭한다. 다시 말해, 자연이 허락한 "최소 손실 파장 창(window)"과 어븀의 증폭 능력이 정확히 겹쳐 있는 셈이다. 그래서 EDFA는 장거리 통신에서 사실상 표준으로 자리 잡았다.

이 변화가 우리의 일상에 어떤 의미를 갖는지, 조금 더 감각적으로 떠올려보자. 한국에서 유럽에 있는 데이터센터로 대용량 학습 데이터를 보낼 때, 빛은 바다 밑 광섬유를 따라 쉼 없이 달린다. 그 과정에서 수십 개의 EDFA를 통과하는데, 그때마다 마치 중간 급식소에서 에너지를 공급받듯 힘을 되찾는다. 우리가 해외 서버에 있는 AI 모델에 질문을 보내고 거의 지연 없이 답을 받는 것도, 유튜브나 스트리밍 서비스를 끊김 없이 즐기는 것도, 심해의 어둠 속에서 조용히 작동하는 이 작은 증폭기들 덕분이다.

지구를 감싸는 유리 거미줄

우리는 여전히 인터넷이 하늘 위를 떠다니는 전파와 위성을 통해 주로 연결된다고 상상하는 경향이 있다. 그러나 실제로 국경을 넘는 국제 데이터의 전부는 거의 우주가 아니라 바다 밑을 지나간다. 국제 통신 트래픽의 95~99%가 해저 광케이블을 통해 이동한다. 말 그대로 지구 전체를 촘촘히 감싸고 있는 거대한 유리 거미줄이 오늘날 디지털 문명의 중추 신경망 역할을 수행하고 있다.

이 거미줄의 규모는 상상을 넘어선다. 해저 광케이블 지도를 꾸준히 집계하는 통신 분석 기관 텔레지오그래피(Telegeography)는 2025년 기준으로 전 세계에서 운용 중인 해저 케이블 시스템이 600개를 넘고 총 길이는

148만 킬로미터 이상에 이른다고 소개한다. 지구 둘레가 약 4만 킬로미터라는 점을 떠올리면, 이 유리 실타래는 지구를 서른 번 이상 두른 셈이다. 광섬유 자체만 놓고 보더라도, 매년 1억 8000만 킬로미터가 넘는 광섬유가 새로 생산되고 지금까지 제조된 총길이는 20억 킬로미터를 넘어 지구에서 목성까지 닿을 수 있을 정도다. 우리가 일상에서 거의 보지 못하는 이 물질적 인프라가 사실상 현대 사회의 신경계 전체를 구성하고 있는 셈이다.

흥미로운 점은, 케이블 단면을 자세히 들여다보면 AI 시대의 물질성이 적나라하게 드러난다는 사실이다. 실제 데이터를 실어 나르는 광섬유는 케이블 한가운데를 지나가는 머리카락 몇 올 굵기의 유리 섬유에 불과하다. 그 주변에는 젤리처럼 부드러운 충전재, 전원 공급을 위한 구리 튜브, 강철 와이어, 알루미늄 보호층, 그리고 마지막으로 바닷물과 마찰을 견디기 위한 두꺼운 폴리에틸렌 외피가 여러 겹으로 둘러싸고 있다. 맨눈으로 보면 거친 금속 케이블처럼 보이지만, 그 심장부에는 극도로 순수한 실리카 유리라는 섬세한 물질이 숨어 있다. 광섬유를 "빛을 나르는 유리"라고 부르는 이유가 여기에 있다.

왜 이렇게 과하게 보일 정도의 갑옷이 필요한지 생각해 보면, 이 인프라가 얼마나 취약한지 동시에 이해하게 된다. 해저 수천 미터 아래에서는 인간이 상상하기 어려운 수압이 케이블을 짓누른다. 연안으로 가까워지면 어선의 닻과 어구, 심지어는 상어의 이빨과도 싸워야 한다. 실제로 해저 케이블 단선 사고의 대부분은 지진이 아니라 인간의 활동, 특히 배와 어선에 의해 발생한다는 보고가 꾸준히 나오고 있다. 그래서 연안 구간에서는 케이블을 해저 바닥에 단순히 올려놓지 않고, 일종의 도랑을 파서 그 안에 묻거나 콘크리트 블록으로 덮어 보호한다. 심해 구간에서는 그 깊이 자체가 하나의 방패가 된다.

AI 관점에서 보면, 이 유리 거미줄은 초거대 언어 모델의 '장거리 신경 연결'에 비유할 수 있다. 한국에서 어떤 사용자가 미국 서해안 데이터센터에 있는 AI 모델에 질문을 보내면, 그 데이터는 서울과 부산, 일본과 하와이, 캘리포니아를 잇는 해저 케이블을 따라 빛의 속도로 달려간다. 수만 킬로미터를 돌아온 응답이 스마트폰 화면에 나타나는 데 걸리는 시간은 보통 1초도 되지 않는다. 이 짧은 시간 동안 우리의 말은 유리 섬유와 희토류 증폭기, 반도체 스위치, 데이터센터의 서버 랙을 거치는 복잡한 여정을 마친다. 사용자로서는 즉시처럼 느껴지지만, 실제로는 지구를 가로지르는 장거리 여행의 결과다.

빛이 끊긴 세계

우리의 초연결 사회는 해저와 대륙 곳곳을 가로지르는 가느다란 유리 가닥들이 온전히 유지된다는 전제를 바탕으로 가까스로 유지된다. 이 전제가 무너지는 가상의 시나리오를 떠올려 볼 수 있다.

태평양 불의 고리 일대에서 대규모 해저 지진이 일어나고, 지정학적 병목 구간에서 케이블 절단 사고가 잇따라 발생한다. 처음 나타나는 징후는 단순한 느려짐이 아니라 특정 서비스의 먹통이다. 아시아와 북미를 오가던 데이터 상당량이 갈 길을 잃고, 클라우드 서버와 상시 연결을 전제로 한 스마트 기기들은 제 기능을 수행하지 못한다. 스마트폰 속 AI 비서는 "서버에 연결할 수 없습니다"만 반복하고, 실시간 정보를 받아야 하는 자율주행차는 고속도로 한복판에서 서서히 멈춰 선다. 사용자에게는 소프트웨어 장애처럼 보이지만, 실제 원인은 심해의 어두운 바닥에서 유리 섬유가 물리적으로 끊어진 데 있다.

가장 큰 충격은 금융과 물류 영역에서 드러난다. 밀리초 단위의 시간 차이를 쫓던 초단타 매매 알고리즘은 데이터 피드가 끊어진 순간부터 판단 기준 자체를 상실한다. 국제 은행 간 결제망과 카드 승인 시스템은 더 이상 국가 간 계좌 정보를 맞출 수 없게 되고, 평소에는 보이지 않던 국경이 데이터 흐름을 기준으로 다시 등장한다. 복잡한 항만 운영과 글로벌 공급망을 관리하던 AI 시스템이 작동을 멈추면, 컨테이너는 항구에 쌓이기 시작하고, 식량과 에너지의 흐름은 거대한 차량 정체처럼 정지 상태에 들어간다.

이러한 그림은 과장된 디스토피아처럼 보이지만, 실제 사례의 연장선에 있다. 2006년 대만 헝춘(Hengchun) 인근 해역에서 발생한 지진은 아시아를 잇는 주요 해저 케이블 여러 가닥을 한 번에 끊어 놓았고, 이에 따라 아시아 여러 국가의 국제 인터넷 연결이 몇 주에 걸쳐 심각한 장애를 겪었다. 수리에는 전 세계에서 케이블 수리선이 동원되었고, 복구까지만 7주가 소요되었다. 더 최근에는 홍해와 대만 주변 해역에서 케이블 절단 사고가 반복되면서, 해저 케이블이 자연재해뿐 아니라 의도적 공격의 목표가 될 수 있다는 우려도 커지고 있다.

미디어 학자 니콜 스타로시엘스키(Nicole Starosielski)는 《해저 네트워크(The undersea network)》(2015)에서 해저 케이블 단절을 떠올릴 때 자연재해 · 전쟁 · 테러 같은 거대 위협이 자주 상상되지만, 실제 대부분의 사고는 어선의 닻이나 어업 활동처럼 일상적 행위에서 비롯된다고 지적한다. 데이터 흐름을 멈추게 하는 힘은 거대한 음모가 아니라 인간과 자연의 수많은 작은 접촉들이다. 다만 이런 사고가 여러 핵심 구간에서 동시에 발생하면, 그것은 단순한 불편을 넘어 사회 전체의 느린 심장마비에 가깝다. 전기가 끊기면 불빛이 사라지지만, 해저 케이블이 끊기면 사회의 말하기 · 듣기 · 기억하기 기능이 저하된다. AI 시대의 집단 지성은 인간 두뇌의 총합이라기보다 바다 밑 유리관을 타고 흐르는 전 지구적 데이터 순환에 가깝다.

참고문헌

Ballato, J. & Dragic, P.(2016). Glass: The carrier of light – A brief history of optical fiber. *International Journal of Applied Glass Science, 7*(4), pp.413~422.

Becker, P. C. et al.(1999). *Erbium-doped fiber amplifiers: Fundamentals and technology*. Academic Press.

ComplexDiscovery(2025.9.7). Red Sea cable cuts disrupt connectivity and expose global infrastructure risks. https://complexdiscovery.com/red-sea-cable-cuts-disrupt-connectivity-and-expose-global-infrastructure-risks/

Desurvire, E.(1994). *Erbium-doped fiber amplifiers: Principles and applications*. Wiley.

French, W. G. et al.(1975). Glass fibers for optical communications. *Annual Review of Materials Science, 5*, pp.373~394.

Hecht, E.(1999). *Optics (4th ed.).* Addison-Wesley.

Kao, K. C. & Hockham, G. A.(1966). Dielectric-fibre surface waveguides for optical frequencies. *Proceedings of the Institution of Electrical Engineers, 113*(7), pp.1151~1158.

Keiser, G.(2011). *Optical fiber communications (4th ed.).* McGraw-Hill.

Ocon, J. & Walberg, J.(2025.6.4). China's undersea cable sabotage and Taiwan's digital vulnerabilities. Global Taiwan Brief. https://globaltaiwan.org/2025/06/taiwans-digital-vulnerabilities/

Starosielski, N.(2015). *The undersea network.* Duke University Press.

Telegeography(2025). Submarine cable 101: A FAQ. https://www2.telegeography.com/submarine-cable-faqs-frequently-asked-questions

Main, D.(2015.4.2). Undersea cables transport 99 percent of international data. Newsweek. https://www.newsweek.com/undersea-cables-transport-99-percent-international-communications-319072

Urquhart, P. et al.(2007.10). Optical amplifiers for telecommunications. Intelligent Signal Processing, 2007. WISP 2007. *IEEE International Symposium on Intelligent Signal Processing,* pp.1~6.

Won, R.(2010). The birth of optical communications. *Nature Materials, 9,* pp.S13~S15.

07
실리콘의 후계자, 탄소 나노 소재

그래핀과 탄소 나노튜브는 실리콘 반도체의 발열 · 속도 한계를 넘어 배터리와 항공 소재의 효율을 높일 '포스트 실리콘' 후보로 주목받는다. 그러나 나노입자의 환경 유출과 인체 유해성 논란, 그리고 그로 인한 기술 · 규제 위험은 상용화를 가로막으며, 자원 소모가 큰 AI 산업의 지속 가능성 자체를 위협하고 있다.

AI와 애니메이션?

연필심에서 발견한 2차원 평면의 기적

연필로 글씨를 쓸 때 종이에 남는 것은 사실 흑연 가루다. 종이를 스치는 순간, 손가락 힘에 눌린 연필심의 흑연 층들이 얇게 벗겨져 내려앉는다. 과학사적으로 보면, 인류는 수백 년 동안 그저 글씨를 쓰기 위해 연필을 사용했지만, 우리는 매번 글씨를 쓸 때마다 눈부신 신소재의 씨앗을 종이 위에 떨어뜨리고 있었던 셈이다. 이 평범한 연필심에서 인류 최초의 2차원 물질이 발견되었다는 사실은, 과학이 얼마나 일상과 가깝고 또 얼마나 뒤늦게 깨닫는지를 잘 보여 준다.

그래핀(graphene)의 등장은 이 일상의 장면에서 시작되었다. 2004년, 영국 맨체스터 대학교의 안드레 가임(Andre Geim)과 콘스탄틴 노보셀로프(Konstantin Novoselov)는 흑연 덩어리와 스카치테이프를 가지고 매우 단순한 실험을 반복했다. 흑연 표면에 테이프를 붙였다 떼어내고, 다시 그 조각에 테이프를 붙였다 떼어내는 일을 집요하게 반복한 것이다. 그 결과 육각형 벌집 모양으로 배열된 탄소 원자 한 층만 남은, 두께가 원자 한 개에 불과한 막이 얻어졌다. 이것이 바로 그래핀이다. 삼차원 세계에 사는 인간이 실제로 두께가 없는 평면과 마주하게 된 순간이었다.

그래핀은 구조만 놓고 보면 매우 단순하다. 탄소 원자들이 벌집처럼 육각형으로 이어진 하나의 평면이고, 이 평면이 여러 장 겹친 것이 우리가 아는 흑연이다. 그러나 이 단순한 구조는 믿기 어려운 물성을 만들어 낸다. 그래핀은 강철보다 약 200배 강하고, 구리보다 전류를 훨씬 더 많이, 더 빠르게 흘려보낼 수 있다. 마치 한 장의 비닐처럼 가볍고 유연하지만, 코끼리가 올라서도 찢어지지 않을 만큼 단단한 방패라고 비유해도 과장이 아니다. 열은 다이아몬드보다 더 잘 전달하고, 빛은 약 98%를 그대로 통과시킬 정도로 투명하다.

물리학자들은 그래핀을 두고 "전자들이 빛에 가까운 속도로 달리면서도 거의 저항을 받지 않는 2차원 운동장"이라고 설명한다. 그래핀 안의 전자들은 질량이 거의 없는 입자처럼 움직이며, 그 거동은 디랙 방정식으로 기술되는 '디랙 전자(dirac point)'의 세계와 닮았다. 어려운 수식은 몰라도, 이 말이 뜻하는 바는 직관적이다. 전자들이 길게 돌아가지 않고, 거의 직선으로, 매우 빠르게, 그리고 에너지를 덜 낭비하며 이동할 수 있는 물질이라는 뜻이다. 현재 실리콘 기반 반도체는 트랜지스터 선폭이 수십 나노미터 수준까지 줄어들면서, 더 작게 만들수록 누설 전류와 발열이 커지고, 원자 몇 겹 두께에서 양자 터널링 같은 현상 때문에 더 이상 줄이기 힘든 물리적 한계에 점점 가까워지고 있다. 오늘날 우리가 사용하는 실리콘 기반 반도체가 이런 미세화 한계에 다다르고 있는 상황에서, 그래핀은 전자가 훨씬 빠르고 효율적으로 움직일 수 있는 새로운 고속도로를 완전히 새로 깔 수 있는 후보로 떠오른다.

실리콘을 넘어 AI 시대를 위한 맞춤 소재

오늘의 AI 혁명은 여전히 실리콘 위에 서 있다. 스마트폰, 노트북, 데이터센터 서버 안에 들어 있는 대부분의 칩은 금속-산화물-반도체(MOS) 구조를 가진 실리콘 트랜지스터로 이루어져 있다. 20세기 후반, 이 MOS 기술은 수많은 트랜지스터를 손톱만한 칩에 집적하면서 정보화 사회의 물질적 토대를 마련했다는 평가를 받는다. 그러나 이제 실리콘 고속도로에는 교통 체증이 심해지고 있다. 회로 선폭을 극단적으로 줄이자, 열이 많이 나고, 전자가 더 이상 예전만큼 빠르고 자유롭게 움직이지 못하는 현상이 뚜렷해지고 있다.

그래핀과 탄소 나노튜브(carbon nanotube, CNT)는 이 정체 구간을 우회할 새로운 차선에 가깝다. 그래핀은 두께가 원자 한 층에 불과한 2차원 탄소막으로, 전자가 이 평면 위를 마치 공기 저항이 거의 없는 빙판 위를 미끄러지듯 움직인다. 이 때문에 전자 이동성은 기존 실리콘보다 수십 배 이상 높고, 이론적으로는 훨씬 더 빠른 전기 신호의 켜짐·꺼짐 전환 속도를 구현할 수 있다. CNT는 그래핀을 종이처럼 말아 올려 만든 원통 구조로, 일부 종류는 반도체 특성을 가져 트랜지스터의 채널로 활용된다. IBM과 여러 연구 그룹은 CNT 트랜지스터가 동일한 작업을 수행하는 데 필요한 에너지를 실리콘 대비 몇 배까지 줄일 수 있음을 시뮬레이션과 실험으로 제시했다.

그래핀의 장점은 속도와 효율에만 그치지 않는다. 이 물질은 얇고 투명하면서도 전기가 잘 통해, 눈으로는 거의 보이지 않지만 전자로서는 고급 도체다. 덕분에 스마트폰 화면 속 투명 전극, 휘어지는 디스플레이, 피부 접착형 센서의 핵심 재료 후보로 주목받고 있다. 플라스틱 필름 위에 그래핀 전극을 입히면 접거나 말아도 성능이 유지되는 화면을 만들 수 있고, 여기에 저전력 AI 칩이 결합하면 몸에 두르는 컴퓨터나 피부에 밀착된 인터페이스 같은 상상이 현실적인 설계로 다가온다.

에너지 저장 장치에서도 그래핀은 중요한 역할을 한다. 전극에 그래핀을 섞으면 리튬이온 배터리 내부에서 이온이 드나드는 길이 넓어지고 표면적이 늘어나 충전·방전 속도와 효율이 함께 개선된다. 일부 연구는 그래핀 기반 전극이 기존 흑연 전극보다 에너지 밀도와 충전 속도를 모두 크게 끌어올릴 수 있다고 보고한다. 이런 배터리가 상용화되면 고속 충전이 가능한 전기차·드론·휴대용 AI 기기가 확산되면서, 짧은 충전으로 오래 움직이는 소형 자율주행 로봇과 도시형 AI 기기가 일상의 풍경을 바꿔 놓게 된다.

항공우주 분야는 그래핀과 탄소 나노 소재의 또 다른 무대다. 하늘을 나는 기체는 1킬로그램의 무게를 줄일 때마다 연료와 비용을 절감한다. 그래핀은 매우 얇은 막한 겹만으로도 강철보다 훨씬 높은 인장 강도를 보이며, 복합 재료 안에 소량만 섞어도 전체 강성과 내구성을 크게 높일 수 있다. 이렇게 가벼우면서도 튼튼한 복합재는 항공기 동체, 위성 패널, 고고도 드론의 구조재로 연구되고 있다.

나노 세계의 윤리, 보이지 않는 위험

그래핀과 CNT는 종종 꿈의 소재라는 찬사를 듣는다. 그러나 꿈이 깊어질수록 악몽의 가능성도 함께 커진다. 인간의 눈으로는 볼 수 없는 10억 분의 1미터(나노미터) 세계에서 물질은 전혀 다른 성질을 드러낸다. 입자가 충분히 작아지면 피부나 폐를 뚫고 들어가 혈관을 타고 온몸을 돌아다닐 수 있고, 세포막을 넘어 핵 속까지 침투할 수도 있다. 이런 이유로 일부 연구자들은 기존 독성학만으로는 설명되지 않는 새로운 위험을 다루기 위해 '나노톡시콜로지(nanotoxicology)'라는 별도의 연구 분야가 필요하다고 주장한다.

CNT를 둘러싼 가장 큰 불안은 그것이 '현대판 석면'이 될 수 있다는 점이다. 석면은 길고 가는 섬유 모양 탓에 폐 속에 박혀 잘 빠지지 않고, 면역세포가 제거하려다 오히려 만성 염증과 암을 유발한다. 2008년 크레이그 폴랜드(Craig Poland) 등 연구진은 생쥐의 복강에 여러 종류의 다중 벽 CNT를 주입해 반응을 관찰했는데, 아주 길고 곧은 나노튜브는 석면처럼 복막에 염증과 육아종을 만들었지만, 짧고 엉킨 형태에서는 이런 반응이 거의 나타나지 않았다. 문제는 이 물질이 극소량만으로도 체내에 오래 남을 수 있다는 점이며, AI 서버를 더 빠르게 · 싸게 만들기 위해 쓰이는 나노 소재가 수십 년 뒤 노동자의 폐와 장기에 어떤 흔적으로 남을지는 아직 누구도 확신하지 못한다.

환경으로 눈을 돌리면 이야기는 더 복잡해진다. 나노

물질은 공장에서만 쓰이는 것이 아니라 항균 양말처럼 일상 소비재 속에도 깊숙이 들어와 있다. 환경 공학자인 트로이 벤(Troy Benn)과 폴 웨스터호프(Paul Westerhoff)는 시중 양말을 물에 빨아 직물 속 나노 은(nanosilver)이 얼마나 세탁수로 빠져나오는지 실험했는데, 일부 제품은 한 켤레만 빨아도 상당량의 은 나노 입자가 방출되는 것으로 나타났다. 이 입자들은 하수 처리장을 거쳐 미생물 군집과 수생 생태계에 영향을 줄 수 있고, 은 이온은 수생 생물에 강한 독성을 갖는다. 나노 형태 은의 이동·축적 양상도 아직 충분히 규명되지 않았다. 미세플라스틱과 마찬가지로 나노 입자 역시 강·토양·해양에 서서히 쌓이며, 우리 눈에 잘 보이지 않는 방식으로 먹이사슬을 따라 되돌아올 가능성이 있다.

이처럼 위험이 완전히 드러나지 않은 상태에서 기술은 이미 시장과 사회로 퍼져나가고 있다. 이를 두고 '콜링리지 딜레마(collingridge dilemma)'라고 부른다. 새로운 기술이 막 등장했을 때는 그 영향과 부작용을 정확히 알기 어렵고, 어느 정도 영향이 분명해졌을 때는 이미 사회 곳곳에 깊이 박혀 되돌리기 어려운 상황이 되어버린다는 역설이다. 그래핀을 입힌 의류, 나노 코팅이 된 스포츠 장비, 나노 복합 소재로 만든 항공기 부품, 나노

필터가 들어간 정수기와 공기청정기 등은 혁신 제품으로 환영받지만, 그 수명이 다한 뒤 이 물질들이 어디로 흘러가 어떤 영향을 미칠지에 대한 장기적인 검증과 사회적 논의는 아직 충분하지 않다.

오지 않는 미래 기술

그래핀의 역사는 반도체를 더 빠르게 만들고, 배터리 수명을 늘리며, 화면을 종이처럼 구부리고, 에너지 위기를 완화할 기적의 재료라는 약속의 언어로 가득 차 있지만, 이제 그래핀이 끝내 대규모 상용화에 성공하지 못하는 미래를 가정해 보자.

2036년, 주요 반도체 · 소재 기업들이 "그래핀 기반 로직 칩 양산 계획을 무기한 연기한다"라는 공동 성명을 낸다. 연구실 샘플은 세계 최고 속도를 냈지만, 수십만 장의 웨이퍼를 찍어 보니 미세한 불순물과 탄소 격자의 작은 일그러짐 때문에 결함률이 폭증해, 그래핀은 초고속 도체가 아니라 성능 편차가 큰 불안정한 소재로 드러난다.

같은 시기, 일부 국가에서는 탄소 나노 소재 공장 노동자들에게서 호흡기 질환과 폐 손상 사례가 보고되기 시작한다. 인과관계는 아직 확정되지 않았지만, 언론은 이를 빠르게 "제2의 석면 사태"로 명명하고, 시민 단체는 그래핀·탄소나노튜브 제품에 대한 강력한 규제를 요구한다. 유럽화학물질청(ECHA)과 각국 규제 기관은 나노소재 평가 기준을 대폭 강화하고, 일부 용도에 대해서는 사용 중단을 권고한다. 대중의 인식 속에서 꿈의 소재였던 그래핀은 '어느새 보이지 않는 미세먼지'로 이미지가 바뀐다.

이 충격은 AI에도 직격탄이다. 실리콘의 한계가 뚜렷한 상황에서 데이터센터와 친환경 설비의 자원 요구량은 기하급수적으로 늘고 있다. 국제에너지기구는 전기차와 재생에너지 설비가 기존보다 훨씬 많은 핵심 광물이 필요해 수요가 폭발할 것이라 경고한다. 만약 그래핀이 국면 전환자가 되지 못하고 고가 특수 소재에 머문다면, 이러한 자원 압력은 고스란히 지속될 수밖에 없다.

AI 모델은 거대해지나 효율은 개선되지 않아, 전력 비용 급등과 '전력 할당제' 같은 규제에 직면했다. 전기차와 재생에너지 역시 자원 및 지정학적 리스크로 전환 속도가 둔화한다. 결국 문제의 핵심은 아이디어가 아닌 물질과 자원의 제약이다. 알고리즘은 계속 정교해지지만, 이를 구현할 하드웨어는 복합적 장벽 앞에서 긴 겨울잠에 빠지고 있다.

참고문헌

Balandin, A. A. et al.(2008). Superior thermal conductivity of single-layer graphene. *Nano Letters, 8*(3), pp.902~907.

Bassett, R. K.(2002). *To the digital age: Research labs, start-up companies, and the rise of MOS technology*. Johns Hopkins University Press.

Benn, T. M. & Westerhoff, P.(2008). Nanoparticle silver released into water from commercially available sock fabrics. *Environmental Science & Technology, 42*(11), pp.4133~4139.

Bonaccorso, F. et al.(2010). Graphene photonics and optoelectronics. *Nature Photonics, 4*(9), pp.611~622.

Castro Neto, A. H. et al.(2009). The electronic properties of graphene. *Reviews of Modern Physics, 81*(1), pp.109~162.

Collingridge, D.(1980). *The social control of technology*. Pinter.

Donaldson, K. et al.(2004). Nanotoxicology. *Occupational and Environmental Medicine, 61*(9), pp.727~728.

Fiori, G. et al.(2014). Electronics based on two-dimensional materials. *Nature Nanotechnology, 9*(10), pp.768~779.

Franklin, A. D. et al.(2012). Sub-10 nm carbon nanotube transistor. *Nano Letters, 12*(2), pp.758~762.

Geim, A. K.(2009). Graphene: Status and prospects. *Science, 324*(5934), pp.1530~1534.

IEA(2021). The role of critical minerals in clean energy transitions. International Energy Agency. https://www.iea.org/reports/the-role-of-critical-minerals-in-clean-energy-transitions

Jafri, I., et al.(2020). Graphene-based materials for

supercapacitors. Mapana Journal of Sciences, 19(1), 87～137.

Lee, C. et al.(2008). Measurement of the elastic properties and intrinsic strength of monolayer graphene. *Science, 321*(5887), pp.385～388.

Lin, H. et al.(2024). Environmental and health impacts of graphene and other two-dimensional materials: A graphene flagship perspective. *ACS Nano, 18*(8), pp.6038～6094.

Nair, R. R. et al.(2008). Fine structure constant defines visual transparency of graphene. *Science, 320*(5881), p.1308.

Novoselov, K. S. et al.(2004). Electric field effect in atomically thin carbon films. *Science, 306*(5696), pp.666～669.

Poland, C. A. et al.(2008). Carbon nanotubes introduced into the abdominal cavity of mice show asbestos-like pathogenicity in a pilot study. *Nature Nanotechnology, 3*(7), pp.423～428.

Schwierz, F.(2010). Graphene transistors. *Nature Nanotechnology, 5*(7), pp.487～496.

Stilgoe, J. et al.(2013). Developing a framework for responsible innovation. *Research Policy, 42*(9), pp.1568～1580.

Waldrop, M. M.(2016). The chips are down for Moore's law. *Nature, 530*(7589), pp.144～147.

08
몸과 마음을 잇는 물질, 생체 적합성 소재

AI가 신체 내부로 진입하려면 면역계의 방어막을 뚫는 생체 적합성 소재가 필요하다. 티타늄 · 고분자 · 세라믹 · 생체모방 소재가 대표적인 생체 적합성 소재다. 생체 적합성 소재 혁신은 스마트 렌즈와 디지털 알약, BCI의 가능성을 열었다. 그러나 여전히 견고한 생물학적 거부 반응과 안전성 문제로 인해, 미래의 AI는 신체와 물리적으로 융합되기보다 피부 밖에서 인간의 능력을 확장하는 도구로서 공존하게 된다.

AI와 인재 채용?

몸이 거부하지 않는 물질의 조건

몸은 낯선 것을 쉽게 받아들이지 않는다. 외부로부터 침투한 작은 가시조차도 금세 붓고, 고름이 차며 우리 몸은 그것을 밀어내려 든다. 이처럼 인간의 면역 체계는 마치 성벽과 같은 방어막이다. 그런데 그 안으로 기계 장치, 즉 인공 물질을 들여보내야 하는 의료 기술자들의 도전은 마치 철옹성에 외교 사절단을 보내 설득하는 것과도 같다.

바로 이 지점에서 생체 적합성이라는 개념이 등장한다. 생체 적합성 소재란, 몸이 그것을 자신으로 오해하거나 최소한 적으로 간주하지 않게 만드는 물질이다. 단순히 독성이 없다는 수준을 넘어, 생리학적 · 면역학적으로 조화를 이루며 인체와 공존할 수 있어야 한다. 티타늄, 고분자, 세라믹 같은 물질들은 이 까다로운 관문을 통과한 대표적인 예들이다.

치과 임플란트나 인공 관절에 쓰이는 티타늄은 공기 중에 노출되면 표면에 산화막이 생기고, 이 막은 뼈세포에게 마치 "당신과 나는 같은 편"이라는 신호를 보낸다. 뼈는 이 표면 위에 자라나며 금속과 분자 수준에서 결합하는데, 이를 골유착(osseointegration)이라고 부른다. 이렇게 기계는 점차 몸의 일부가 된다.

또 다른 예는 고분자 소재다. 폴리우레탄(polyurethane), 폴리에테르에테르케톤(polyether ether ketone), 폴리테트라플루오로에틸렌(polytetrafluoroethylene) 등은 유연하고 가벼우며 독성이 없고, 때로는 체내에서 자연 분해되기도 한다. 이들은 조직과의 유사한 강도를 유지하면서도 면역세포의 감시를 무사히 피할 수 있다. 마치 이질적인 방랑자가 마을에 들어와 조용히 공동체의 일원이 되는 것과 같다.

세라믹 또한 주목할 만하다. 하이드록시아파타이트(hydroxyapatite)는 뼈의 무기질 성분과 거의 동일한 조성을 지녀서 이식된 세라믹 위로 뼈가 자연스럽게 자라난다. 이는 마치 거친 바위 위로 이끼가 덮이듯, 인체와 인공물 사이의 경계를 흐린다.

하지만 아무리 착한 소재라도 면역계는 완전히 속지 않는다. 면역세포들은 항상 주변을 감시하다가 낯선 물질이 들어오면 그 주위를 섬유성 막으로 둘러싸는 이물반응(foreign body reaction)을 일으킨다. 이 과정에서 염증과 조직 손상이 반복되면, 결국 이식물은 주변 조직과 단절되고 기능을 잃은 채 몸에서 사실상 밀려나게 된다. 이를 줄이기 위해 과학자들은 나노 구조를 설계한 표면 처리, 친수성(hydrophilic) 코팅, 단백질 흡착을 정밀하게 조절하는 기술 등을 도입해, 인공 소재가 면역계와 대화하는 방식을 더 부드럽게 다듬으려 하고 있다.

최근에는 자연에서 유래한 생체모방 소재도 각광받고 있다. 실크 단백질(silk protein), 콜라겐(collagen), 키토산(chitosan) 같은 물질들은 원래 생물의 일부였기에 면역계도 이를 상대적으로 덜 경계한다. 예를 들어 실크 기반 소재는 뇌신경 인터페이스에 사용될 정도로 우수한 생체 적합성을 보이며, 신경 세포가 이를 자연스럽게 받아들이도록 돕는다. 이는 마치 어린 시절 친구를 오랜만에 만났을 때 느끼는, 낯설지 않은 익숙함에 가깝다.

AI, 피부 안으로 들어오다

AI는 더 이상 스마트폰 속에 머물지 않는다. 이젠 우리 몸 안으로, 더 정확히는 피부 아래로 들어오고 있다. 우리가 한때 기계라 부르던 것들이 이제는 눈물, 심장 박동, 체내 화학물질과 직접적으로 연결되어 사람의 몸속에서 실시간으로 정보를 주고받는다. 이 혁신의 핵심에는 단순한 센서 기술이 아니라, 인체와 자연스럽게 융화되는 생체 적합성 소재가 있다.

대표적인 예로, 구글의 자회사 베릴리(Verily)가 개발했던 스마트 콘택트렌즈는 눈물 속의 당 농도를 측정해

당뇨병 환자의 혈당을 모니터링하려 했다. 비록 상용화에는 실패했지만, 하이드로겔 기반의 소재에 전자소자를 집적하려는 시도는 생체 적합성과 AI 기술 융합의 중요한 출발점이 되었다. 하이드로겔은 수분 함량이 90% 이상으로, 실제 각막 조직과 유사한 물성을 가지기 때문에 장시간 착용에도 자극을 최소화할 수 있다.

또 다른 사례로는 미국 식품의약청(FDA)이 2017년 승인한 디지털 알약(digital pill) 아빌리파이 마이사이트(Abilify MyCite)가 있다. 이 알약은 복용 시 위산과 반응해 신호를 발생시키고, 이 신호는 체외 패치를 거쳐 스마트폰으로 전송된다. 그 과정에서 AI는 복약 여부를 기록하고 분석한다. 이 기술의 핵심은 마그네슘과 실리콘 등 인체에 무해한 소재를 사용하여 센서를 구성했다는 점이다. 약 한 알도 하나의 "일회용 로봇"처럼 설계되기 시작한 것이다.

이처럼 AI가 몸 안으로 들어오기 위해서는 단순히 작게 만드는 기술이 아니라, 몸이 반아들이도록 설계하는 기술이 중요하다. 특히 눈과 같은 민감한 부위에 사용하는 스마트 콘택트렌즈는 생체 적합성과 기능성 사이의 균형이 핵심이다. 기존의 콘택트렌즈 재질을 그대로 유지하면서 내부에 정교한 센서를 집적해 24시간 동안 안압을 모니터링할 수 있는 새로운 렌즈가 개발된 바 있다. 이 렌즈는 사람마다 다른 각막 곡률에 유연하게 적응하면서도 안압을 정확하게 측정할 수 있는 장점이 있다.

심전도 모니터링에서도 생체 적합성 소재는 핵심 기술로 작동한다. 심장 원격 모니터링 솔루션을 개발한 의료기기 회사 코르벤티스(Corventis)가 선보인 NUVANT MCT(mobile cardiac telemetry)는 피부에 부착하는 패치 형태지만, 실질적으로는 체내 이식형 센서에 가까운 특성을 갖는다. 이 장치는 지속적으로 심장 박동을 모니터링하고, 이상 징후가 발견되면 AI 분석을 통해 즉시 의료진에게 데이터를 전송한다. 최근에는 아예 팔 안쪽에 센서를 삽입해 24시간 혈당을 측정하고 스마트폰으로 전송하는 실험적 기술도 등장하고 있다. 이를 가능하게 하는 것도 결국 유연한 고분자 패키징과 저전력, 무선 충전이 가능한 회로 기술이다.

약물 전달 기술에서도 AI는 변화를 주도한다. 필립스가 개발한 iPill은 약효가 필요한 위치에서 정밀하게 약물을 방출하며, 장내 pH와 이동 시간을 기준으로 작동한다. 일부는 센서를 이용해 실시간 데이터를 기반으로 약물의 농도를 조절하기도 한다. 이러한 시스템은 외피가 인체 내 환경에서 안전하게 분해되고, 전자 회로가 체액과 반응하지 않도록 설계되어야 한다. Proteus Digital Health의 경우, 센서를 부착한 알약이 위장에서 발생하는 미세 전류를 감지해 복약 여부를 확인하고, AI가 이 데이터를 분석해 복약 순응도를 관리한다.

궁극의 인터페이스 뇌와 컴퓨터를 잇다

인간의 뇌는 마치 우주의 심연처럼 깊고 복잡하며, 과학기술의 최전선에서도 여전히 난공불락의 영역이다. 그러나 최근 뇌-컴퓨터 인터페이스(brain-computer interface, BCI) 기술은 그 장벽을 넘기 위한 가시적인 진전을 보인다. BCI는 신경세포의 전기 신호를 실시간으로 읽고 해석해, 컴퓨터나 외부 장치를 제어하거나, AI가 뇌에 직접 정보를 전달하는 것을 목표로 한다. 이러한 기술은 사지마비 환자가 생각만으로 커서를 움직이게 하거나, 청각장애인이 다시 소리를 들을 수 있도록 만드는 등 실질적인 임상 적용 사례를 만들어 내고 있다.

그러나 뇌를 직접 다룬다는 것은 기술적으로나 윤리적으로 복잡한 과제를 동반한다. 뇌 조직은 젤리처럼 부드럽고 민감하여, 외부 물질이 삽입되면 면역 반응이 쉽게 유발된다. 특히 기존 BCI 전극은 금, 백금, 이리듐 산화물과 같은 단단한 금속으로 만들어졌기 때문에, 뇌 주직과의 탄성 차이로 인해 염증과 흉터 조직을 형성하며 장기적인 신호 수신이 어려워지는 문제가 빈번히 발생한다.

이러한 문제를 해결하기 위해 소재 공학자들은 뇌를 닮은 물질을 만들기 위한 두 가지 접근을 시도하고 있다. 첫째는 전극 구조의 미세화다. 전극을 머리카락보다 가늘게 만들면 뇌의 미세한 움직임을 따라 휘어지며, 조직 손상을 최소화할 수 있다. 일론 머스크가 설립한 BCI 기업 뉴럴링크(Neuralink)가 개발한 초미세 전극 실이나 유연한 금속 필라멘트들이 그 예다. 둘째는 전극의 소재 자체를 뇌 조직과 유사하게 바꾸는 것이다. CNT나 그래핀 같은 소재는 부드럽고 전기 전도성이 뛰어나며, 신경세포와의 화학적 친화력도 높아 거부 반응을 줄인다. 전도성 고분자(conductive polymer)의 대표적 예인 PEDOT:PSS는 플라스틱처럼 부드러운 재질이면서도 전기가 잘 통해, 머리카락보다 가는 전극 위에 얇게 코팅해도 금속 전극에 가까운 신호 전달 능력을 유지한다. 특히 하이드로겔 기반 전극은 물과 유사한 성질을 지녀 뇌 조직과 거의 동일한 물리적 특성을 가지며, 세포외기질(ECM) 기반 코팅은 신체가 이를 자기 조직의 일부로 착각하게 만들어 면역 반응을 줄이려는 시도다.

하지만 기술 발전과 더불어 해결해야 할 윤리적 과제도 많다. 뇌에 삽입된 장치가 외부 신호를 오작동하거나 해킹당할 가능성은 개인의 존엄성과 자유를 위협할 수 있다. 미국 FDA는 Neuralink의 임상 시험을 일부 승인했지만, 리튬 배터리의 안정성, 발열 문제, 뇌 조직 손상 위험 등 다양한 문제를 지적했다. 기술적 낙관론자들은 BCI가 미래의 감각 확장과 인지 향상을 이끌 것이라 기대하지만, 그 길은 절대 평탄치 않다.

닫혀버린 융합의 문

기술의 진보는 언제나 직선처럼 뻗어간다고 믿기 쉽지만, 모든 발전에는 예기치 못한 경계가 있다. 인체가 끝내 어떤 이물질도 받아들이지 않는 면역의 절대 장벽이 있다면, 우리는 어떤 미래를 맞게 될까?

2036년, 인류는 생체 적합성 소재의 한계를 정면으로 마주한다. 수십 년간 이어진 소재 연구에도 불구하고, 면역계는 여전히 정교한 전극이나 유연한 고분자조차 침입자로 인식한다. 삽입된 AI 칩은 몇 달 안에 조직의 염증 반응으로 기능을 잃고, 일부 환자에게는 신경 손상이나 패혈증까지 발생한다. 규제 기관은 임상시험을 중단하고, 대중은 다시금 생체 내 이식 기술에 대한 불신으로 돌아선다.

미래학자 레이 커즈와일(Ray Kurzweil)은 미래에는 뇌 속에 나노봇이 삽입되어 인간이 신적인 능력을 갖추게 될 것이라 예견했다. 그러나 생체 적합성의 한계로 인해 커즈와일이 예언한 인류 진화의 도약도 한때의 상상으로만 남는다.

AI는 더 똑똑해졌지만 인간의 몸속에는 들어오지 못한다. 기술은 여전히 스마트폰, 시계, 안경 등 피부 밖 장치에 갇혀 있으며, 우리는 그러한 도구들을 통해서만 데이터를 해석하고 반응할 수 있다. 앤디 클라크(Andy Clark)는 《타고난 사이보그(Natural-born cyborgs)》(2003)에서 인간을 본래부터 사이보그라고 정의하며, 도구와의 결합을 인간 인지의 자연스러운 확장으로 보았다. 그는 기술이 단순한 외부 장치가 아니라 인간 사고와 감각을 확장하는 내부적 구성 요소가 될 것이라 기대했다. 그러나 생체 내부로의 통합이 실패한 오늘날, 기술은 여전히 신체 외부에 머물러 있고, 우리는 물리적으로 융합되지 못한 채 여전히 도구에 의존하는 존재로 남아 있다.

이 그림은 동시에 또 다른 가능성을 비친다. 내부 이식형 칩이 좌초된 자리에서, 인간은 다시 안경 · 시계 · 의복 · 주변 환경에 스며든 외부형 AI와 함께 살아가는

법을 익힌다. 인지과학에서 말하는 확장된 마음 개념처럼, 몸 안이 아니라 몸 밖에 놓인 도구들이 여전히 사고와 기억의 일부를 이룬다. 문제는 더 이상 "언제 인간이 완전한 사이보그가 될 것인가"가 아니라 "어떤 방식의 결합이 인간의 존엄성과 안전을 해치지 않으면서 우리의 능력을 확장할 것인가"로 이동한다.

이 시나리오는 AI가 인간 내부로 침투하지 못하고, 영원한 보조자 혹은 타자로 남는 세계를 보여 준다. 기술과 신체가 조화롭게 융합되려던 꿈은 '기계적 자아'가 아닌 '기계적 외부'로 환원되고, 인간은 자신의 생물학적 경계 안에 다시 머문다. 동시에 우리는, 그 경계가 실패의 상징이 아니라 오히려 인간과 AI 사이의 건강한 거리 두기를 보장하는 장치일 수도 있다는 역설적인 결론과 마주하게 된다.

참고문헌

국가생명공학정책연구센터(n.d.). "체내 이식형 스마트 바이오센서(Implantable smart bio-sensor)". Bio Innovation Connect Service(BICS). https://www.bics.re.kr/tech/techYear?emergingTechSn=442

CircleDNA(2025.2.26). Understanding biocompatibility: What it means in medical science. CircleDNA Magazine.

https://magazine.circledna.com/understanding-biocompatibility-what-it-means-in-medical-science/

Clark, A.(2003). *Natural-born cyborgs: Minds, technologies, and the future of human intelligence*. Oxford University Press.

Green, R. & Abidian, M. R.(2015). Conducting polymers for neural prosthetic and neural interface applications. *Advanced Materials, 27*(46), pp.7620~7637.

Gunasekera, B. et al.(2015). Intracortical recording interfaces: Current challenges to chronic recording function. *ACS Chemical Neuroscience, 6*(1), pp.68~83.

Krauthamer, V.(2023.4.3). Dr. Krauthamer on FDA safety concerns surrounding Neuralink's request to begin human trials. George Washington University. https://bme.engineering.gwu.edu/dr-krauthamer-fda-safety-concerns-surrounding-neuralinks-request-begin-human-trials

Levy, R. & Taylor, M.(2023.3.2). U.S. regulators rejected Elon Musk's bid to test brain chips in humans, citing safety risks. Reuters. https://www.reuters.com/investigates/special-report/neuralink-musk-fda/

Miles, K.(2015.10.1). Ray Kurzweil: In the 2030s, nanobots in our brains will make us 'Godlike'. Noema Magazine. https://www.noemamag.com/ray-kurzweil-in-the-2030s-nanobots-in-our-brains-will-make-us-godlike/

Plowman, R. S. et al.(2018). Digital medicines: Clinical review on the safety of tablets with sensors. Expert Opinion on Drug Safety, 17(9), 849~852.

Ratner, B. D. et al.(2012). *Biomaterials science: An introduction to materials in medicine (3rd ed.).* Academic Press.

Redolfi Riva, E. & Micera, S.(2021). Progress and challenges of implantable neural interfaces based on nature-derived materials. *Bioelectronic Medicine, 7,* 6.

Zhang, J. et al.(2022). Smart soft contact lenses for continuous 24-hour monitoring of intraocular pressure in glaucoma care. *Nature Communications, 13*(1), 5518.

09
청정에너지의 동력, 수소 이야기

AI 시대에 수소는 재생에너지의 간헐성을 보완하는 '에너지 저금통'이지만, 지금 쓰이는 대부분은 화석 연료 기반 그레이 · 블루 수소라 기후 효과가 제한적이다. 그린 수소는 이리듐 같은 희귀 금속, 고압 · 극저온 저장과 배관, 막대한 인프라 비용이라는 물질적 장벽에 막혀 있다. 이런 문제가 해결되지 않으면 수소는 탄소중립 해법이 아니라 화석 연료 체제를 연장하는 그린워싱 도구가 될 수 있다.

AI와 기자?

왜 다시 수소인가, AI 시대의 해법

AI 연산의 폭발적 확대는 데이터센터와 서버, 냉각장치로 대표되는 막대한 전력 소비와 에너지 인프라 의존을 심화시키며 전 세계 전력 수요를 끌어올리고 있다. 재생에너지 확대는 이에 대한 필수적인 대응이지만, AI가 요구하는 전력의 시간적 패턴과 태양광·풍력의 간헐적 리듬은 잘 맞지 않는다. 태양은 낮에만 떠 있고 바람은 불 때만 부는 반면, 데이터센터와 도시는 밤낮 없이 돌아가야 한다. 전력망 입장에서 AI는 24시간 일정한 심장 박동을 요구하는데, 재생에너지는 불규칙하게 뛰는 맥박에 가깝다.

여기에서 수소는 '에너지 매개자'이자 '저금통'으로 등장한다. 태양광과 풍력으로 남는 전기를 물의 전기 분해에 사용해 수소로 바꾸어 저장했다가, 필요할 때 다시 전기로 꺼내 쓸 수 있다. 이때 수소는 1차 에너지원이라기보다 에너지를 다른 형태로 옮겨 담는 에너지 운반체다. 윌리엄 W. 클라크 2세(William W. Clark II)와 제러미 리프킨(Jeremy Rifkin)은 논문 "녹색 수소경제(A green hydrogen economy)"(2006)에서 재생에너지와 수소의 결합이 전력망의 간헐성을 보완하면서 전력 부문과 수송 부문을 동시에 탈탄소화할 수 있는 경로라고 강조한다.

전기가 "실시간으로만 쓸 수 있는 현금"이라면, 수소는 장기간 맡길 수 있는 예금 통장에 가깝다고 볼 수 있다.

미래학자 제러미 리프킨은 수소가 분산형 재생에너지와 결합할 때, 에너지가 소수 산유국의 전유물이 아니라 각 지역이 스스로 생산 · 저장 · 공유하는 "에너지 민주주의"의 기반이 될 수 있다고 본다. 태양과 바람, 폐기물과 바이오매스처럼 어디에나 분포한 자원을 활용해 각 건물이 작은 발전소가 되고, 수소가 그 에너지를 저장하는 매개가 된다면, 20세기 석유 기반 중앙집중형 에너지 체계와는 다른 제3차 산업혁명의 길이 열릴 수 있다는 구상이다. 이 비전은 한때 이상적으로 보였지만, 기후 위기와 에너지 안보 불안을 동시에 겪는 지금에는 점점 더 현실적인 전략으로 재조명되고 있다.

여러 국제기구와 연구자들은 재생에너지로 생산한 '그린 수소'를 탄소중립을 위한 핵심 수단으로 제시해 왔다. 유엔환경계획(UNEP)의 보고서를 비롯한 국제 논의는, 화석 연료에서 추출하는 수소만으로는 온실가스 감축에 근본적인 한계가 있음을 지적하면서, 태양광 · 풍력 · 수력 등과 결합한 그린 수소 체계로의 전환이 장기적으로 경제성과 환경성을 동시에 확보할 수 있는 경로라고 강조한다. 재생에너지 발전 단가의 하락, 전기 분해 기술 효율의 개선, 연료전지 가격 하락이 맞물리면서, "그린 수소는 한참 먼 미래의 이야기"라는 인식도 점차 수정되고 있다.

AI 시대와 수소가 직접적으로 만나는 지점도 분명해지고 있다. 마이크로소프트는 대규모 데이터센터의 비상 전원을 기존 디젤 발전기 대신 수소 연료전지로 대체하는 실험을 진행했다. 250kW급 소형 시스템으로 서버랙(server rack)을 48시간 연속 운영한 데 이어, 3MW급 시스템을 구축해 실제 데이터센터 규모에서 무정전 전원 공급 가능성을 검증했다. 여기에서 말하는 서버랙이란 데이터센터 안에서 여러 대의 서버를 수직으로 수납·정리해 두는 금속 프레임 구조로, 고밀도 컴퓨팅 장비를 안정적으로 설치하고 냉각·전력 공급을 효율적으로 관리하기 위한 기본 단위를 의미한다.

수소의 진짜 얼굴, 생산의 물질적 과제

수소 사회라는 밝은 미래를 말하기 전에, 먼저 아주 단순한 질문을 던져야 한다. '우리가 꿈꾸는 그 수소, 도대체 어디에서 오는가?' 우주에서 가장 흔한 원소라는 수소는 정작 지구에서는 홀로 돌아다니지 않는다. 물에서는 산소와 꼭 붙어 있고, 석유·가스·석탄에서는 탄소와 끈

질기게 엉겨 있다. 우리가 에너지로 쓰는 수소 기체(H_2)는 자연에서 그냥 줍는 자원이 아니라, 강제로 떼어내서 제조해야 하는 인공적인 연료에 가깝다. 이 말은 곧 수소는 언제나 다른 에너지와 물질을 집어넣어야만 얻을 수 있는, 일종의 2차 에너지라는 뜻이다.

오늘날 인류가 쓰는 수소의 압도적 다수는 깨끗한 수소와는 거리가 멀다. 전 세계 산업용 수소의 95% 이상이 천연가스를 고온의 수증기와 반응시키는 스팀 메탄 개질(SMR) 공정에서 나온다. 이 방식으로 수소 1kg을 만들면 약 7~10kg의 이산화탄소가 따라 나온다. 겉으로는 배출가스를 내뿜지 않는 연료전지가 멀쩡히 돌아가지만, 그 뒤편 공장 굴뚝에서는 수소 한 줌을 만들기 위해 더 많은 CO_2가 하늘로 떠오른다. 기후 위기를 해결하겠다며 수소를 택했는데, 정작 수소 생산 과정이 지구를 더 뜨겁게 만드는 아이러니가 벌어지는 셈이다.

이 모순을 줄이기 위해 등장한 개념이 '색깔 수소'다. 기존의 화석 연료 기반 수소는 CO_2를 그대로 내보내기 때문에 그레이 수소(grey hydrogen)라고 부른다. 여기에 탄소 포집 · 저장(CCS) 기술을 덧붙여 나오는 것이 블루 수소(blue hydrogen)다. 이름만 들어서는 파란색이 회색보다 훨씬 깨끗해 보이지만, 실제로는 그렇게 단순하지 않다. 포집률은 100%가 아니고, 천연가스를 캐고 나를 때 새어 나가는 메탄(강력한 온실가스) 문제가 남아 있다. CCS 설비를 추가하면 공정이 복잡해지고 비용과 에너지 소모도 늘어난다. 결국 블루 수소는 그레이 수소보다 덜 더러운 단계일 수는 있지만, 진정한 의미의 무탄소 에너지라고 부르기에는 애매한 과도기 기술에 가깝다.

그래서 물을 전기 분해해 만드는 그린 수소(green hydrogen)를 수소 경제의 궁극적인 목표로 제시된다. 재생에너지로 만든 전기를 사용해 물을 분해하면, 이론적으로는 CO_2를 거의 배출하지 않고 수소를 얻을 수 있기 때문이다. 그러나 이 지점에서 수소의 '물질적 얼굴'이 모습을 드러낸다. 물 분자를 갈라놓는 전해조(electrolyzer)는 마치 부엌의 고급 칼처럼, 겉으로는 단순해 보이지만 핵심 부품은 매우 까다로운 재료를 요구한다. 그린 수소에서 각광받는 고분자전해질막(PEM) 수전해 시스템은 촉매로 백금과 이리듐 같은 백금족 금속을 사용한다. 이 금속들은 수소 경제의 요리에 꼭 필요한 '송이버섯' 같은 존재다. 아주 조금만 써도 전체 향과 맛을 바꾸지만, 그만큼 비싸고 구하기 어려운 재료다.

문제는 이리듐의 양이 너무 적다는 점이다. 백금은 자

동차 배기가스를 줄이는 촉매뿐 아니라 백금 반지와 목걸이 같은 고급 장신구, 연료전지 촉매 등에 쓰이는 대표적인 귀금속이다. 이리듐은 이렇게 귀한 백금을 캐는 과정에서 함께 나오는 부산물이다. 전 세계 연간 이리듐 생산량은 10톤 안팎에 불과하며, 생산의 대부분도 소수 국가에 집중되어 있다.

저장과 운송, 인프라의 거대한 장벽

수소 경제의 이야기는 결국 '어디서 어떻게 만들 것인가'를 넘어 '그 수소를 어디에, 어떻게 담아 옮길 것인가'의 문제로 귀결된다. 수소는 우주에서 가장 가벼운 원소이기 때문에, 같은 에너지를 담으려면 석유나 천연가스보다 훨씬 큰 부피가 필요하다. 의미 있는 양의 에너지를 저장하려면 수소를 수백 기압으로 압축하거나, 영하 253도의 극저온까지 냉각해 액체로 만드는 수밖에 없다.

압축 저장은 비교적 기술이 성숙했지만, 대기압의 350~700배에 해당하는 350~700bar 고압을 견디는 탱크를 만들기 위해 탄소섬유 강화 플라스틱과 특수 합금강이 필요하다. 탱크를 이런 고압까지 채우는 과정에서도 적지 않은 전력이 추가로 들어가는데, 이는 우리가 흔히 잊고 지나치는 숨은 에너지 비용이다. 액화 수소는 부피를 줄일 수 있다는 장점이 있지만, 액체로 만들기 위해 수소 에너지 함량의 30~40%에 달하는 에너지를 냉각에 써야 한다. 수소가 깨끗한 연료라는 이미지 뒤에는 이렇게 만만치 않은 열역학의 장벽이 숨어 있다.

더 큰 문제는 시간이 지날수록 수소 저장 용기 자체가 손상된다는 점이다. 수소는 원자가 작아 금속 내부로 파고들며, 금속을 약하게 만드는 수소 취성(hydrogen embrittlement)을 일으킨다. 이에 따라 미세 균열과 예기치 못한 파손 위험이 커져 기존 천연가스 배관을 그대로 쓰기 어렵다. 그래서 내수소성이 높은 특수 합금 · 복합 소재 · 내부 코팅 설계와 함께, 누출 감지 센서 · 환기 설비 · 비상 차단 장치가 필수적이다. 특히 수소는 공기 중 농도 4~75%에서 폭발 가능성이 있어, 열 감지 · 특수 검지기를 통한 상시 모니터링까지 포함한 촘촘한 안전 생태계가 요구된다.

인프라 비용의 벽도 높다. 수소 충전소는 압축기, 고압 저장 탱크, 냉각 시스템, 안전 센서 등 설비가 복잡해 일반 전기차 충전소보다 초기 투자 비용이 훨씬 많이 든다. 미국 캘리포니아에서는 이런 인프라 비용이 가격에 반영되며 소매가가 한때 kg당 13~16달러까지 치솟아 생산 원가의 몇 배를 기록했다. 수소차는 적은데 충전소를 먼저 깔면 적자가 나고, 충전소가 부족하면 차를 사지 않는 '닭이 먼저냐, 달걀이 먼저냐'의 악순환도 이어진다.

이런 현실을 고려해 에너지 분석가 마이클 리브라이히(Michael Liebreich)는 '수소 사다리(hydrogen ladder)'라는 비유를 제시한다. 그의 분석에 따르면 수소가 경제성과 시스템적 필요성을 동시에 갖는 영역은 이미 거대한 시장을 이룬 비료·정유용 수소와 철강, 고온 산업 열, 대형 선박·항공, 장거리 화물 트럭처럼 전기만으로 대체하기 어려운 부문, 즉 사다리의 상단 칸에 주로 한정된다. 반대로 가정 난방, 중·저온 산업 열, 승용차, 소규모 발전까지 수소를 확대하면 전기·히트펌프·배터리보다 비용·안전·편의성에서 불리하며, 전기를 수소로 바꾸었다가 다시 전기로 되돌리는 과정에서 약 70%의 에너지가 날아가는 사이클 손실(cycle losses) 때문에 이런 용도는 경제성이 없다고 그는 비판한다.

좌초된 수소 경제

앞에서 살펴본 생산·저장·운송의 제약을 충분히 고려하지 않은 채, 수소를 기적의 해법처럼 밀어붙인다면 어떤 미래가 펼쳐질까. 만약 우리가 지금 마주한 이리듐과 같은 희귀 광물의 결핍과 기술적 난관이라는 높은 파도를 넘지 못한다면, 우리 앞에는 좌초된 수소 경제라는 암초가 기다리고 있다. 수소 경제가 끝내 제대로 궤도에 오르지 못하는 미래에서는 겉과 속이 전혀 다른 이중 풍경이 펼쳐진다.

2036년, 도시는 수소, 탄소중립, 그린 AI를 내세운 광고판과 시범 사업으로 가득하지만, 실제 전력의 상당 부분은 여전히 원자력과 천연가스, 석탄에 기대며 돌아간다. 기업과 정부는 "곧 그린 수소가 본격 보급된다"라는 약속을 반복하지만, 데이터센터와 산업단지에서는 값싼 그레이 · 블루 수소와 화석 연료 기반 전력이 일상의 에너지 원천으로 남아 있는 상태가 지속된다. AI는 더 정교해지고 활용 범위가 넓어지지만, 그 지능을 떠받치는 연료는 오래된 에너지 체제에 묶여 있는 모순이 구조화된다.

이 시나리오에서 수소는 기후 위기를 멈추는 해법이라기보다 화석 연료 체제를 연장하는 새로운 언어로 기능한다. 겉으로는 "수소 혼소 발전소", "수소 연료전지 트럭", "수소 도시"가 탄소중립의 상징처럼 소개되지만, 그 배관과 저장 탱크를 채우는 것은 재생에너지 기반 그린 수소가 아니라 주로 화석 연료에서 추출한 그레이 · 블루 수소다. 온실가스 총배출량은 크게 줄지 않았는데도, 보고서와 홍보 자료 속 용어만 친환경적으로 바뀌는 그린워싱(greenwashing)이 구조화된다. 에너지 가격은 점점 더 불안정해져 전기요금과 난방비가 새로운 계급선을 형성하고, 안정적인 전력을 확보한 부유층 · 글로벌 대기업과 반복되는 정전과 재난에 취약한 저소득층 · 글로벌 남반구 국가 사이의 격차가 심화된다.

나오미 오레스케스(Naomi Oreskes)와 에릭 콘웨이(Erik Conway)는 《의혹을 팝니다》(2010)에서 담배, 산성비, 지구 온난화에 이르기까지 소수 이해 집단이 과학적 합의를 훼손하고 규제를 지연시켜 온 '의심의 정치'를 추적한다. 좌초된 수소 경제는 이 패턴이 에너지 전환 영역에서 반복되는 모습에 가깝다. "수소 기술은 아직 초기이니 더 지켜봐야 한다", "현실적인 과도기 전략으로 화석 연료+수소 혼합이 필요하다"는 메시지가 끊임없이 제기되면서, 더 급진적인 전기화 · 에너지 절약 · 재생에너지 확대의 결단이 미뤄진다. 그 사이 기후 시스템은 인간이 언어와 무관하게 물리 법칙을 따라 움직이고, 폭염 · 가뭄 · 국지성 홍수 · 해수면 상승은 점점 더 일상적인 재난이 된다. 수소가 '미래의 연료'라는 말이 반복되는 동안, 실제로는 지금 여기의 기후 리스크와 에너지 불평등이 키워지는 역설이 벌어질 수 있다는 경고다.

참고문헌

Center for Sustainable Systems(2023). Hydrogen factsheet (CSS23-07). University of Michigan.

Clark, W. W. & Rifkin, J.(2006). A green hydrogen economy. *Energy Policy, 34*(17), pp.2630~2639.

DOE(2020). Hydrogen storage. DOE Hydrogen and Fuel Cells Program.

Gabbatiss, J.(2025.9.15). AI: Five charts that put data-centre energy use – and emissions – into context. Carbon Brief. https://www.carbonbrief.org/ai-five-charts-that-put-data-centre-energy-use-and-emissions-into-context/

IEA(2023). Global hydrogen review 2023. International Energy Agency.

IRENA(2020). Green hydrogen cost reduction: Scaling up electrolysers to meet the 1.5℃ climate goal. International Renewable Energy Agency.

Karplus, V. J. & Morgan, M. G.(2024). Moving beyond hype on hydrogen. *Issues in Science and Technology, 40*(4). https://issues.org/beyond-hype-hydrogen-karplus-morgan/

Liebreich, M.(2023.10.21). Hydrogen ladder version 5.0. Substack. https://mliebreich.substack.com/p/hydrogen-ladder-version-50

McKlveen, T. & Roy, B.(2024.5.7). The hidden 85%: How to make hydrogen cost-effective. World Economic Forum. https://www.weforum.org/stories/2024/05/hydrogen-hidden-costs-energy-transition/

Nooni, I. K. & Dzogbewu, T. C.(2025). Hydrogen economy and climate change: Additive manufacturing in perspective. *Clean Technologies, 7*(4), 87.

Oreskes, N., & Conway, E. M. (2010). *Merchants of doubt: How a handful of scientists obscured the truth on issues from tobacco smoke to global warming.* Bloomsbury Press. 유강은 옮김(2012). 《의혹을 팝니다》. 미지북스.

Rifkin, J.(2002). *The hydrogen economy: The creation of the worldwide energy web and the redistribution of power on Earth.* Penguin.

Rifkin, J.(2009). Leading the way to a third industrial revolution and a new social vision for the world [Discussion paper]. Fundación Ideas.

Roach, J.(2022.7.28). Hydrogen fuel cells could provide emission free backup power at datacenters, Microsoft says. Microsoft Source.
https://news.microsoft.com/source/features/sustainability/hydrogen-fuel-cells-could-provide-emission-free-backup-power-at-datacenters-microsoft-says/

UNEP(2006). The hydrogen economy: A non-technical review.

Wang, S. & Lloyd, J.(2024.2.27). Are there enough critical minerals for hydrogen electrolyzers?. The Breakthrough Institute.
https://thebreakthrough.org/issues/energy/are-there-enough-critical-minerals-for-hydrogen-electrolyzers

10
AI 이후의 물질성, 지속 가능한 공존

AI는 기후 위기 해결의 열쇠이자, 동시에 막대한 에너지와 자원을 삼키는 '기술의 역설'이다. TinyML · 엣지 컴퓨팅 · 뉴로모픽 칩 등 효율을 높이는 기술 혁신이 진행 중이지만, 무한 성장의 신화는 유한한 지구와 충돌할 수밖에 없다. 이 글은 자원 고갈의 파국을 넘어, 절제와 순환을 통해 기술과 자연이 공존하는 지속 가능한 미래를 제안한다.

AI와 미래 의사?

기술의 역설, AI와 기후 위기의 공생

AI는 이제 기후 위기 시대의 만능열쇠처럼 이야기된다. 에너지를 덜 쓰는 공장을 설계하고, 전력망을 정교하게 조정하고, 새로운 친환경 소재를 찾아내는 데까지 AI가 동원되고 있다. 유엔 지속가능발전목표(SDGs)를 분석한 한 연구는 AI가 17개 목표와 169개 세부 목표 중 128개를 달성하는 데 긍정적으로 기여할 수 있다고 평가한다. 동시에 58개의 목표에는 부정적 영향을 줄 수 있다고도 지적한다. 이미 이 지점에서 우리는 중요한 사실을 마주한다. AI는 기후와 지속 가능성을 위한 '치료제'인 동시에, 잘못 쓰이면 새로운 '부작용'을 낳는 약이다.

우선 밝은 면을 보겠다. AI는 자원 활용을 더욱 효율적으로 만들고 있다. 예를 들어 스마트 그리드는 실시간으로 전력 수요를 예측하고 조정하며, 경로 안내 시스템은 교통 체증과 연료 소비를 줄인다. 건물의 냉난방 자동 최적화 기술도 에너지 절약에 기여한다. 이와 같은 기술의 확산은 삶의 질을 유지하면서도 온실가스 배출을 줄일 수 있게 한다. 또한 KAIST 연구진은 AI를 활용해 대기 중 이산화탄소만 선택적으로 흡착하는 신소재를 탐색했고, 이는 수십 년 걸릴 연구를 단기간에 가능하게 했다. 이런 사례들은 AI가 기후 위기 대응의 혁신 속도를 크게 앞당길 수 있음을 보여 준다.

AI 기술은 효율성을 높이지만 동시에 새로운 문제를 낳는 '기술의 역설'을 보여 준다. 대형 언어 모델은 막대한 전력을 소비하며, 자연어 처리 모델 하나의 학습에서 발생하는 이산화탄소는 자동차 여러 대의 수년간 배출량에 해당한다. 재료 과학 분야의 딥러닝 분석에서는 예측 오차를 28% 줄이는 동안 탄소발자국이 2016년 대비 약 1만 5000% 증가한 것으로 나타났다. 정밀도 향상의 대가로 에너지 소비가 기하급수적으로 늘고 있는 셈이다.

문제는 전력만이 아니다. AI는 엄청난 양의 물도 함께 마신다. 데이터센터는 수많은 서버에서 발생하는 열을 식히기 위해 막대한 양의 냉각수를 사용한다. 생성형 AI 서비스를 한 번 질의·응답하는 데 생수 한 병 정도의 물이 소비된다는 추정은, 우리가 '챗GPT에 물어 본다'는 행위가 실제로는 강과 호수의 물을 조금씩 데우고 있다는 사실을 상기시킨다.

AI가 의존하는 것은 에너지와 물만이 아니다. 음성 비서나 추천 시스템 같은 AI의 심장은 반도체 칩과 배터리이며, 이를 만들기 위해 실리콘과 구리, 리튬, 코발트, 희토류를 포함한 다양한 광물이 지구 곳곳에서 채굴되고 정제된다. 케이트 크로퍼드(Kate Crawford)와 블라단

욜러(Vladan Joler)는 "AI 시스템의 해부학(Anatomy of an AI system)"(2018)에서 아마존 에코 스피커를 해부하듯 추적하면서, 하나의 AI 기기가 탄생하고 작동하고 폐기되기까지 전 지구적 채굴, 물류, 노동, 데이터 인프라가 어떻게 겹겹이 얽혀 있는지를 보여 준다. 그들이 묘사하듯, 거실에서 사용자가 "알렉사, 거실 불 켜줘?"라고 한 번 말하는 짧은 순간 뒤에는, 볼리비아 우유니 염호의 리튬 채굴지에서 희토류 제련소와 반도체 공장, 데이터 센터와 해저 케이블, 물류 네트워크에 이르기까지 거대한 자원 · 노동 · 데이터 체인이 동시에 작동한다. 여기서 알렉사(Alexa)는 아마존이 개발한 음성 인식 기반 AI 비서로, 사용자의 음성 명령을 해석해 정보를 제공하거나 스마트 기기를 제어하는 역할을 한다.

똑똑한 기술을 넘어, 지속 가능한 AI

거대한 AI는 마치 고속도로를 달리는 대형 트럭과도 같다. 막대한 데이터를 실어 나르고 엄청난 연산 능력을 자랑하지만, 동시에 많은 연료를 소모하고 도로를 빠르게 마모시킨다. 그래서 최근의 기술 담론은 속도가 아니라 지속 가능성이라는 새로운 차원으로 옮겨가고 있다.

두드러지는 움직임 중 하나는 'TinyML(Tiny machine

learning)이다. TinyML은 데이터센터가 아닌 현장에서 데이터를 처리하는 기술로, 음성 인식 같은 간단한 AI 연산을 스마트폰이나 센서 내부의 초소형 칩이 직접 수행하도록 설계된다. 이런 초소형 AI는 전송과 처리 과정에서의 에너지 낭비를 줄이고, 네트워크 의존도 역시 낮춘다.

또 다른 흐름은 엣지 컴퓨팅(edge computing)이다. 엣지 컴퓨팅은 데이터를 중앙 클라우드 서버가 아닌, 데이터가 생성되는 현장(edge) 근처에서 직접 처리하는 방식으로, 예를 들어 전라북도의 한 스마트팜이 데이터를 수집할 때, 굳이 그것을 서울이나 해외의 클라우드로 전송하지 않고 현장 서버에서 즉시 분석하면, 트래픽과 전력 모두를 절감할 수 있다.

AI 하드웨어에서도 변화가 감지된다. 인간의 뇌처럼 작동하면서 전력 소모를 최소화하는 뉴로모픽 칩(neuromorphic chip)이 개발 중이며, 뉴로모픽 칩은 생물학적 신경망의 구조와 작동 방식을 모방하여 효율적으로 정보 처리를 수행하는 차세대 반도체다. 대형 데이터센터의 냉각 시스템에 AI가 도입되어 에너지 사용을 40%까지 줄인 사례도 있다. 또한 마이크로소프트, 구글, 아마존 등은 2030년까지 자사 운영을 100% 재생에너지로 전환하겠다고 선언하며 대규모 태양광 및 풍력 투자를 진행 중이다.

그러나 기술적 해법만으로는 충분하지 않다. 앞서 서문에서 우려했던 '제번스의 역설'은 모델 경량화와 최적화 과정에서 더욱 뚜렷하게 나타난다. 개별 모델의 효율이 좋아져 진입 장벽이 낮아지면, AI는 더 많은 사물과 서비스에 깊숙이 침투하게 되고 결과적으로 전체 전력 소비는 줄지 않거나 오히려 증가한다. 이에 대해 엠마 스트루벨(Emma Strubell) 교수 역시 효율성 개선이 자원 절약으로 직결되지 않는다는 점을 지적하며, 단순한 기술 개발을 넘어 AI 자원 배분에 대한 근본적이고 신중한 접근이 필요함을 경고하고 있다.

물질의 유한성과 기술의 무한성 사이에서

기술의 발전은 늘 무한한 가능성을 약속하는 것처럼 보였다. 하늘을 나는 비행기, 스스로 학습하는 AI, 손끝에서 전 세계와 연결되는 스마트폰은 인간이 자연을 초월할 수 있으리란 환상을 심어줬다. 그러나 우리가 잊고 있는 사실은, 이 모든 기술이 결국 흙과 광물, 노동과 에너지라는 유한한 자원 위에 구축된다는 점이다.

미디어 이론가 유시 파리카(Jussi Parikka)는 《미디어의 지질학(A geology of media)》(2015)에서 미디어 기술을 지층과 광물, 에너지 흐름에 얽힌 '지질학적' 존재로 읽어내야 한다고 주장한다. 그의 논의에서 지질학적이라는 말은 우리가 손에 쥐고 있는 스마트폰과 컴퓨터가 구리, 리튬, 희토류 같은 지구 깊은 곳에서 캐 올린 광물과 이를 가공하는 에너지 · 노동의 집합체라는 뜻이다. 이 분석은 기술을 추상적인 코드나 알고리즘이 아니라, 지구 물질 속에 깊이 뿌리내린 체계로 보아야 함을 일깨운다.

기술은 마치 마법처럼 보이지만, 그 뿌리는 지극히 현실적이다. 인간이 만든 기계는 에너지 없이는 움직일 수 없고, 그 에너지는 또 다른 형태의 물질과 노동을 요구한다. 환경 인류학자인 알프 혼보르그(Alf Hornborg)는 기술 시스템이 단순한 도구가 아니라 "사회적 불평등과 자원 이전을 구조화하는 메커니즘"이라고 주장한다. 그의 논의에 따르면 근대 기술은 보이지 않는 손처럼 자원을 저비용 지역에서 추출해 고소득 지역으로 이전시키는 비가시적 거래 구조를 내포하고 있다.

이러한 분석은 우리로 하여금 기술의 이면을 다시 보게 한다. 우리가 AI를 사용하는 순간, 어딘가에선 전력을 위한 광물 채굴과 에너지 소비가 일어난다. 그리고 그 과정은 종종 글로벌 불평등의 구조 속에서 이루어진다. 즉, AI는 단지 디지털 공간의 산물이 아니라 지구적 자원 순환의 일부다.

기술의 무한한 발전을 믿는 것은 종종 "유한한 지구에서 무한한 성장이 가능하다"고 믿는 것과 같다. 이에 대해 자연 다큐멘터리 제작자 데이비드 애튼버러(David Attenborough)는 "그런 사람은 미치광이이거나 경제학자일 것"이라 말하며 경고한 바 있다. 실제로 인류가 매년 사용하는 자원과 생태 서비스의 총량은 지구가 같은 기간에 재생할 수 있는 수준을 지속적으로 초과하고 있다. 이는 우리가 이미 지구 생태 용량의 물리적 한계를 넘어선 상태에서, 기술 발전만으로 무한 성장을 정당화할 수 없음을 보여 준다.

그렇다면 기술은 어떤 방향으로 나아가야 하는가? 우리는 기술을 단지 도구가 아니라, 사회적 행위자로 다시 정의할 필요가 있다. 기술은 사회의 욕망과 가치관을 반영하며, 그것이 어디에서, 어떻게 사용되는지는 기술 그 자체만큼 중요하다. 기술이 강력해질수록 그에 따르는 책임과 절제의 지혜도 함께 자라나야 한다는 뜻이다.

결국 우리는 질문을 바꿔야 한다. 'AI를 통해 얼마나 더 많이 소유하고 성장할 것인가'가 아니라 '이 기술과 어떻게 조화롭게 공존할 것인가'를 물어야 한다. 탈성장(degrowth)과 같은 새로운 경제 철학은 바로 이러한 성찰에서 출발한다. 기술은 더 많은 소비를 부추기는 수단이 아니라, 더 현명하게 분배하고 절약하도록 돕는 방식으로 전환되어야 한다. AI는 자연을 착취하는 도구가 되어서는 안 되며, 공존을 설계하는 도구로 거듭나야 한다.

가속되는 고갈, 공존의 갈림길에서

만약 우리가 지금과 같은 기술 경로를 그대로 계속 따른다면, 그리고 정반대로 지금과는 다른 선택을 감행한다면, 미래는 어떻게 갈라질까. 이 질문에서 출발해 두 개의 대비되는 시나리오를 그려 본다. 하나는 자원 고갈과 생태계 붕괴로 이어지는 파국적 미래이고, 다른 하나는 공존과 회복의 지혜를 바탕으로 한 지속 가능한 미래다.

2036년, 인류는 기술 발전의 정점에 도달했지만, 그 이면은 처참하다. 초거대 데이터센터들은 하루 24시간 가동되며 도시의 전력을 빨아들이고, 그 열기를 식히기 위한 냉각수는 점점 귀해진 식수를 위협한다. AI 기술의 비약적인 확산은 더 강력한 처리 능력과 더 많은 전력 소비를 요구하며, 리튬과 희토류를 둘러싼 자원 경쟁은 국경을 넘는 분쟁을 낳는다. 데이터센터가 국가 전력의 우선 공급 대상이 되면서 일반 가정은 전력 배급제를 시행받고, 점점 더 많은 사람은 일상생활의 기본적 에너지조차 누리기 어려워진다.

이런 미래에서 기술은 소수 상류층의 편의를 위한 도구로 전락한다. 테크노 엘리트는 스마트 벙커와 같은 도시에 거주하며, AI 로봇이 자원을 관리하고 자동화된 생활을 유지한다. 반면 대다수 인류는 기후난민으로 떠돌며 생존을 위한 투쟁을 이어간다. 기후 위기는 인간의 이산화탄소 배출과 AI의 과잉 에너지 수요가 맞물리며 되돌릴 수 없는 수준에 이르렀고, 해수면 상승과 산불, 허리케인이 일상이 되었다.

이 파국적 시나리오의 중심에는 기술의 폭주가 있다. AI는 소비를 부추기고, 맞춤형 광고로 사람들의 욕망을 끝없이 자극한다. 생산성과 편의를 극대화한 기술이 오히려 사회적 양극화를 심화시키고, 자연 생태계를 수탈하는 도구로 쓰이게 된 것이다.

그러나 다른 길도 가능하다. 2030년대, 여러 국가와 도시들은 AI의 무분별한 사용이 생태계를 위협한다는 인식을 바탕으로 기술 정책의 전환을 선택했다. AI는 이제 재생에너지 최적화, 생물 다양성 모니터링, 기후 예측과 같은 공익적 목적에 집중되며, 도시와 농촌의 자원 순환을 조율하는 지속 가능성의 신경망으로 거듭났다.

이 공존적 미래에서 사회는 더 많이 생산하고 소비하는 것이 아닌 더 나은 삶을 위한 분배와 균형에 가치를 둔다. 시민들은 기본 소득과 단축 근로 덕분에 일과 삶의 균형을 누리며, AI는 불필요한 소비 대신 수리와 공유를 제안하는 조언자로 자리매김한다. 자원은 순환되고, 자연은 법적 주체로서 보호받는다. 몇몇 국가는 강과 숲에 권리를 부여하고, AI는 이들의 목소리를 감지해 정책에 반영하는 생태 데이터 기반 시스템을 운영한다. 이는 인간과 자연, 기술이 협력하는 새로운 윤리적 공동체의 모습이다.

이러한 변화는 단지 기술의 전환만이 아니라, 가치관의 전환에서 비롯된다. 디지털 기술은 더 이상 무한 성장을 위한 엔진이 아니라, 유한한 지구를 돌보는 조율자가 되어야 한다. '나를 당신의 욕망을 증폭시키는 거울로 쓸 것인가, 아니면 지구를 돌보는 망원경으로 쓸 것인가?'라는 AI의 질문에, 이제 우리가 답해야 할 때다.

참고문헌

Cardwell, M. R.(2013.10.16). David Attenborough: Someone who believes in infinite growth is 'either a madman or an

economist'. Mongabay.
https://news.mongabay.com/2013/10/david-attenborough-someone-who-believes-in-infinite-growth-is-either-a-madman-or-an-economist/

Crawford, K. & Joler, V.(2018.9.7). Anatomy of an AI system: The Amazon Echo as an anatomical map of human labor, data and planetary resources. AI Now Institute & SHARE Lab. https://anatomyof.ai/

Hickel, J.(2020). *Less is more: How degrowth will save the world.* William Heinemann.

Hornborg, A.(2019). *Nature, society, and justice in the Anthropocene: Unraveling the money-energy-technology complex.* Cambridge University Press.

Hornborg, A.(2023). Unpacking the black box of 'energy technology': How abstraction and resource fungibility obscure ecologically unequal exchange. *Ecological Economics, 214*, 107997.

Korea Advanced Institute of Science and Technology(2025.6.30). AI pinpoints promising materials that capture only CO_2 from air. Phys.org.
https://phys.org/news/2025-06-ai-materials-capture-air.html

Korolev, V. & Mitrofanov, A.(2023). The carbon footprint of artificial intelligence in materials science (Preprint).

Li, P. et al.(2023). Making AI less "thirsty": Uncovering and addressing the secret water footprint of AI models. arXiv:2304.03271.

Mishra, S.(2024). The role of artificial intelligence (AI) and green technology in the development of smart and sustainable towns. *Educational Administration: Theory and Practice, 30*(5), pp.6285~6295.

Parikka, J.(2015). *A geology of media*. University of Minnesota Press.

Rockström, J. et al.(2009). A safe operating space for humanity. Nature, 461(7263), pp.472~475.

Strubell, E. et al.(2019). Energy and policy considerations for deep learning in NLP. *Proceedings of the 57th Annual Meeting of the Association for Computational Linguistics*, pp.3645~3650.

Vinuesa, R. et al.(2020). The role of artificial intelligence in achieving the Sustainable Development Goals. *Nature Communications, 11*(1), 233.

Zimmerman, L.(2025.7.2). Confronting the AI/energy conundrum. MIT News. https://news.mit.edu/2025/confronting-ai-energy-conundrum-0702

손현주

전주대학교 창업경영금융학과 조교수로, 미국 하와이대학교 정치학과에서 박사학위를 취득했다. 주요 연구 분야는 한국의 대안 미래, AI와 미래, 퓨쳐스 리빙랩 등이다. 저서로 《AI 경영론》(공저, 2026), 《AI와 사랑》(2025), 《AI와 트렌드》(2025), 《AI와 미래 사회》(2025), 《인공지능법》(공저, 2024), 《글로컬 시대 지방정부 외교와 공공외교: 전략적 소통과 지역 브랜딩의 방법과 사례》(공저, 2024), 《인공지능과 일상생활》(공저, 2021) 등이 있고, 역서로 《콤무니타스 이코노미》(공역, 2020)가 있다. 주요 논문으로는 "코로나19 이후 한국의 미래 시나리오"(2025), "인공지능과 일상생활의 자유: 스마트홈이 인간 자유에 미치는 영향"(2024), "디지털 디자인씽킹: 디지털 기술이 디자인씽킹 프로세스에 미치는 영향"(2023), "코로나19와 정치의 미래"(2021), "인공지능혁명과 정치의 미래 시나리오"(2020), "인공지능 거버넌스와 민주주의의 미래"(2019), "한국인의 가치관과 미래 선호 가치"(2019) 등이 있다.